飯尾 淳
Jun Iio

Cyber-Physical

サイバー
フィジカル

デジタル時代を「生き抜く」エンジニアの基礎教養

森北出版

はじめに

　昔から、情報技術開発者、IT 技術者の人材不足が指摘され続けてきました。不思議なことに、この問題はいまだに解決されていません。業界に長く携わり、現在でも大学で IT 業界に人材を送り出している立場の私からすれば、IT を用いてさまざまな問題を解決するこの業界での仕事はとてもおもしろいはずなのに、なぜか、永遠に人材不足が続いているようです。IT 技術者の人材不足が指摘され続けている理由の一つとして、IT 業界が比較的新しい産業であり、技術が進化し続けているから、ということを指摘できるでしょう。新しい技術を覚えても、すぐに技術が陳腐化してしまうので、つねに勉強を続けていなければならないという厳しさがあるからです。

　現代は高度情報化社会となっており、その社会を支える人材が必要不可欠です。また、IT はますます高度化し、これまで以上に高度な知見を有する IT 技術者が求められるようになりました。さらには人工知能、ロボティクスなど、過去には SF 映画の世界にしか見出せなかった技術が現実のものとなってきています。

　たとえば、スマートスピーカーとよばれる人工知能を搭載した対話システム（エージェントシステム）は、一つのよい例でしょう。スマートスピーカーは、それ自身に組み込まれた処理に従ってあらかじめ用意された答えを返しているのではありません。ネットワークで接続された先のどこかにある超高性能なサーバコンピュータを使って、問いかけに対する適切な答えを探すという、高度な音声対話の処理が行われています。ネットワークを通じて、つねにデータを収集し、学習することで、スマートなはたらきが実現されているのです。

　あるいは、近い将来に実用化が期待されている自動運転技術はどうでしょうか。自動運転システムは、各種のセンサーで得られた外界の情報を基に、システム内で現実世界のシミュレーションを行います。さらに、それだけではなく、シミュレーションの結果に従って、アクセルやブレーキ、操舵角を制御し、実際に人を乗せて運ぶことになります。

　このように、高度情報化社会は、ただ高度な情報処理に基づいているだけではなく、情報システムと現実世界が、リアルタイムで密接に結びつくことで実

現されることがわかります。すなわち、これからの情報技術は、IT の世界だけではなく、それがはたらく現実世界のことも一体的に考えていかなければなりません。そのような社会の変化を背景に、近年注目を浴びるようになってきたのがサイバーフィジカルという概念です。

サイバーフィジカル技術という言葉には、皆さん、まだあまり馴染みがないかもしれません。本書で解説するサイバーフィジカル技術は、高度な IT を用いてサイバーワールドと現実（リアルワールド）を連携させ、我々の生活を物理的に（フィジカルに）最適化しようという技術です。そのためには IT の基礎知識を学ぶことはもちろん、IT のシステム開発に必要な知識や、IT で実装したシステムを稼働させるリアルワールドにおけるルール（法律など）も配慮しなければなりません。

また、サイバー犯罪や社会を支える情報システムへのサイバー攻撃など、社会問題化しつつあり、早急に対処しなければならない課題も増えてきています。サイバーフィジカルシステムが普及する今後の社会において、これらの行為はその被害がサイバーワールドに留まらず、現実の生活に被害が及びます。それらの課題に対して直接の対策にかかわるか否かはさておくとしても、IT の開発に携わる者であれば、最低限、これらの知識も身につけておく必要があるでしょう。

本書は、情報技術の基礎知識を平易に解説する入門書です。ただし、ともすると技術一辺倒になる情報工学的な入門書に欠けている視点、すなわち、上記のような社会実装を行う際に必ず求められる、社会的な観点も踏まえて解説を試みます。

本書では、まず第 1 章でサイバーフィジカル社会の基本的な概念を示します。サイバーフィジカルシステムとは何か、社会を支える情報システムはどうあるべきかを提示します。さらに、システムを社会実装して IT によるサービスを世間に提供するためには、技術的な知識だけではなく社会的な知識も必要であることを強調します。

第 2 章から第 5 章までは、技術的な項目に焦点を当てた解説です。第 2 章は IT の原理について、ごく基本的な部分から解説します。チューリングマシンから始め、コンピュータの根本原理を示します。さらに、サイバーフィジカルシステムに必要なリアルワールドとサイバーワールドの接点について説明し

ます。第 2 章の後半はソフトウェアとプログラミングについての解説です。

第 3 章は情報システムの構成について述べています。情報システムの 3 要素であるコンピュータとデータベース、ネットワークについて概観します。

第 4 章は、サイバー空間における情報処理を、分散システムの実現形態という観点から整理しています。クライアント・サーバシステムの解説から始まり、現代においては典型的なサーバ・コンピューティング環境であるクラウドコンピューティング環境に言及します。

第 5 章はアプリケーションレベルの情報処理について、いくつかのトピックを紹介しながら具体例で説明します。人工知能、機械学習、自然言語処理、統計処理、あるいは業務の自動化やコミュニケーションツールといった、先進事例から日常の事例まで、幅広い事例を紹介します。

第 6 章以降、本書の後半は社会的な話題についても踏み込みます。第 6 章は、システム開発、ソフトウェア開発や運用に関する話題を取り上げます。システム開発のモデルを紹介し、システムのライフサイクルについて説明します。さらに、クラウドコンピューティングの項で紹介するいくつかのサービスカテゴリに関して、具体的な利用例を紹介します。具体的なイメージをつかむことで、より理解が深まることを期待します。また、開発におけるテストの重要性とテスト方法についても簡単に紹介します。

第 7 章は、情報システム開発に関する文化的側面にスポットライトを当てます。ドッグイヤーならぬマウスイヤーともいわれるこの速い技術開発の流れをキャッチアップし続けるためにも、情報処理技術者は日々勉強しなければなりません。そのための心構えを説明し、さらにコミュニティへの参加やオープンソースソフトウェアというソフトウェア開発文化、さらにはその土台となっているライセンスを遵守するという考え方を紹介します。

第 8 章はぐっと社会的な話題に及びます。サイバーフィジカル社会を実現するためには、IT のことだけに意識を向けているわけにはいきません。社会のルールにも配慮しなければなりません。ソフトウェア開発業務に従事するには契約を理解しておくべきです。さらに、昨今ではコンプライアンスの遵守や倫理的な事項にも十分に気を配る必要があります。ソースコードを取り扱う以上は著作権にも配慮が必要です。場合によっては特許にもかかわってくることがあるでしょう。すなわち、知的財産権に関する知識がひととおり必要です。個人情報の保護やプライバシーの取り扱いにも気を配らねばなりません。いろい

ろと慮る事項があって大変ですが、このあたりの知識をおろそかにしていると足元をすくわれかねません。

　最後の第9章は、情報システムに対する脅威とその防衛策について考えます。サイバー犯罪や、サイバーフィジカルシステムに対する脅威とはどのようなものがあるのかを知り、情報システムの取り扱いにおいて避けることがなかなか難しい脆弱性の課題について考えます。さらに、情報セキュリティの基本について学んだうえで、身近なトラブルの回避方法を考えます。

2022 年春、渋谷にて

飯尾　淳

目　次

近未来社会の構成要素
── サイバーフィジカルシステムとは何か

　現代は、高度情報化社会です。さまざまなサービスが高度な情報技術（IT, information technology）によって提供されるようになりました。その傾向は今後もますます顕著になるでしょう。高度情報化社会の先に、超スマート社会の実現が想定されています。

　コンピュータが進化し IT が格段に高度化した現在、情報技術の世界（サイバーワールド）と現実の世の中（リアルワールド）の境界線が曖昧になりつつあります。半世紀前、いや四半世紀前でも夢物語として語られていたサイエンスフィクションの世界が現実のものになろうかという時代です。

　この来るべき超スマート社会を見据え、また、現在の IT を語るうえで、大きな意味をもつようになってきたキーワードがサイバーフィジカルという概念です。これは、実社会で営まれている物理的な（フィジカルな）生活と、サイバーワールドでの高度な情報処理を結びつけて最適化しようというものです。サイバーフィジカルシステムは、その中核をなすシステムです。

　サイバーフィジカルシステムを理解するためには、サイバーワールドとリアルワールドについて知っておかねばなりません。この章では、社会がどのような道筋をたどってきたのかを簡単に振り返り、さらには現代社会、あるいは近未来の社会はどうなっていくのかを簡単に解説します。

　また、技術的にできることのすべてが、社会という枠組みのなかで許されるとは限りません。この章の後半では、社会の一部としてのサイバーフィジカルシステムの位置づけに言及し、IT の開発や運用に携わる者が知っておくべき知識を整理します。

─── 1.1　社会を支える情報システム

　現代社会は、情報社会を超えて、サイバーフィジカルシステムが支える超スマート社会へと向かっています。まずは、我々の社会そのものについて理解を深めておきましょう。社会を構成する最小単位は個人です。個人がサイバーフィ

ジカル社会でどのように活躍すべきなのかについて考えます。

1.1.1　狩猟社会から超スマート社会へ

　まず、我々の住むこの社会がどのような変遷をたどって進化してきたかを振り返ってみましょう。人類が誕生して、社会的な営みを行うようになったのははるか昔のことです。その当時は、動物の捕食活動とたいして変わらない、漁業や狩猟で食料を調達する社会でした。狩猟社会の時代です。

　その後、人類は農耕畜産の技術を習得しました。日本やアジア諸国では稲作が、もう少し緯度の高い地域では麦を栽培する技術が浸透しました。こうして時代は農耕社会に進化します。

　社会が大きく変化したのは、社会変化の第三段階である工業社会の出現時でしょうか。イギリスでの産業革命をはじめとして、工業製品の生産が拡大しました。生産性は大きく向上し、人間の生活は豊かなものになりました。

　20 世紀後半から今世紀初頭にかけて、社会はまた大きく変化しました。工業社会から情報社会（information society）への変化です。インターネットの商用利用が始まり、さまざまなサービスがネット上に移行しました。買い物はe コマースになり、インターネットバンキングやインターネットトレードが一般化しました。コミュニケーション手段も SNS（social networking service）など百花繚乱の時代となっています。

　そして、来るべき次の時代が超スマート社会（super-smart society）です。第五段階の社会ということで、Society 5.0 ともよばれます（表 1.1）。

1.1.2　情報システムとそれを支えるエンジニア

　内閣府の資料[1] によれば、超スマート社会とは次のような社会のことだそう

表 1.1　社会の変化

段階	社会	どのような社会か
第一段階	狩猟社会	漁業や狩猟で生計を立てる社会
第二段階	農耕社会	植物や穀物を栽培し家畜を飼育する社会
第三段階	工業社会	工場で工業製品を生産する社会
第四段階	情報社会	情報化が進み情報システムが支える社会
第五段階	超スマート社会	情報の利活用を高度に進めた社会

です。

　必要なもの・サービスを、必要な人に、必要な時に、必要なだけ提供し、社会の様々なニーズにきめ細やかに対応でき、あらゆる人が質の高いサービスを受けられ、年齢、性別、地域、言語といった様々な制約を乗り越え、活き活きと快適に暮らすことのできる社会

そして、同資料は、超スマート社会に向けた取り組みとして、サービスや事業の「システム化」が不可欠だと述べています。

　超スマート社会では、サービスや事業の「システム化」（ここでは、「サイバー空間を利用してデータを収集・分析・活用することにより、複数の機能を結び付け、一つの統合体として機能させること」を意味する。）を進めていくことが不可欠。

しかも、サイバー空間を利用して、とも書かれています。サイバーフィジカルシステム（CPS, cyber-physical system）の効果的な活用が、超スマート社会を実現する基礎となるのです。

ここで重要な役割を果たすのが、情報システム（information system）とそれにかかわるエンジニアの皆さんです。情報システムは、現在の情報社会でも効果的に使われており、社会の情報化を進める原動力となってきました。超スマート社会では、さらにそれを進め、より豊かな社会の実現を目指します。

　必要なものやサービスを、必要な人に向けて、必要なとき必要なだけ提供するという状況は、情報システムだけでは実現できません。リアルワールドの状況をつねにモニタリングし、誰がどのようなサービスを必要としているのかを判断しなければなりません。さらに、必要な物資を提供するためには、物理的な流通システム、物流システムも適切に整備しなければなりません。

　しかし、やはり中心的な役割を果たすシステムは情報システムです。情報を適切に管理できてこそ、超スマートなサービスを提供できるというものです。

　実際のシステムは、一人で作るというわけにはいきません。情報システムを開発して運用・保守するにはさまざまな作業が求められます。多くの場合、それは多数のエンジニアによる分業体制によって遂行されます。本書では、その概要について説明しますが、実際の業務はそれぞれのスペシャリストたちによって担われています。

1.1.3　誰でもコンピュータのイロハを知るべき時代に

　超スマート社会の実現においては、それを支える情報システムを開発し運用する役割を担うエンジニアたちが重要なプレイヤーであることは間違いありません。しかし、エンジニアの努力だけで超スマート社会を実現することはできません。

　超スマート社会では「社会の様々なニーズにきめ細やかに対応」するとされています。そのためには、多様なニーズを汲み上げるスキルが求められます。

　お客様のニーズを解釈し、適切な解決策を提案する役目は、営業部員の役割です。営業部員は、顧客に寄り添い顧客のニーズを適切に把握する必要があります。ただし、安請け合いはいけません。できないことを約束しても意味がありません。したがって、何ができて何ができないか、営業担当といえども理解しているべきです。

　また、「あらゆる人が質の高いサービスを受けられる」ということを実現するには、質の高いサービスを企画する能力も求められるでしょう。すなわち、企画立案者も超スマート社会の実現には大きな影響を与えます。したがって、経営企画や新規事業提案に携わるような皆さんも、コンピュータのイロハを理解している必要があるでしょう。

　当然ながら、経営者も同様です。経営資源をどう配分するか、企業の経営を通じてどう社会に貢献していくか、その判断なしには超スマート社会は実現できません。もちろん、ユーザや市民抜きに社会を語ることはできません。

　このように、超スマート社会の実現には多様なステークホルダーが関係して

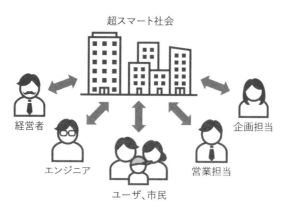

図 1.1　超スマート社会のステークホルダーたち

います（図 1.1）。そして、彼ら、彼女らは、超スマート社会がどうやって実現されるか、その基礎をなす情報システムとはどのような仕組みで動いているのかを、多少なりとも知っておく必要があるのです。

1.1.4 真の DX を実現するためには

最近は DX という言葉をよく聞きます。DX とは、デジタルトランスフォーメーション（digital transformation）のことで、2004 年に、スウェーデンにあるウメオ大学（Umeå University）のエリック・ストルターマン（Erik Stolterman）教授が提唱した概念です。IT の浸透により、人々の生活があらゆる面でよい方向に変化すること、それこそが、デジタルによる変革（トランスフォーメーション）である、という考えです。

日本の社会変化は欧米から 20 年遅れて進むという話がありますが、2004 年に提唱された DX の概念が、近年になってようやく盛んに喧伝されるようになりました。経済産業省は 2018 年末に[2]「デジタルトランスフォーメーションを推進するためのガイドライン（DX 推進ガイドライン）」を公開しました。そこでは、DX とは次のようなものだと定義されています。

> 企業がビジネス環境の激しい変化に対応し、データとデジタル技術を活用して、顧客や社会のニーズを基に、製品やサービス、ビジネスモデルを変革するとともに、業務そのものや、組織、プロセス、企業文化・風土を変革し、競争上の優位性を確立すること

この定義を見れば、DX は超スマート社会においてとくにビジネスに関連した部分に着目したものと考えることができるでしょう。そう考えると、先の議論がそのまま当てはまります。すなわち、DX を推進するには IT のエンジニアだけが努力するのではなく、ステークホルダー全員がある程度の情報リテラシー（information literacy）を身につけておく必要があるということです。しかも、ここでいう情報リテラシーは、ワープロや表計算ソフトの使い方といった日常生活に必要な IT の知識だけではなく、コンピュータ科学（computer science）の基礎や、情報システムの基本的な理解など、まさに本書で解説するような内容の理解です。

一方、IT のエンジニアも技術的なところだけ理解していればよいというわけではありません。効果的な業務システムを実装するためには、その業務のこ

とをよく知っておく必要があるでしょう。社会に対してサービスを提供するには、社会的なルール（法律等）に照らし合わせて問題ないかどうかも判断しなければなりません。

　当然、すべての範囲の知識をくまなく理解しなければならないということはなく、それぞれの専門家がタッグを組んで、DX を、さらには超スマート社会を実現していけばよいのです。しかし、他分野のことであっても最低限の知識は理解しておかないと、チームとして円滑な活動は期待できません。自分の守備範囲にこだわらず、幅広く目を光らせておく習慣を身につけておきたいものです。

── 1.2　システムのルールと社会のルール

　情報社会、そして、今後の超スマート社会は IT で支えられています。とはいえ、エンジニアの皆さんが IT の知識だけもっていればよいわけではないということは、すでに指摘しました。この節ではその点をもう少し掘り下げます。システムでできることとやっていいことはイコールではありません。社会におけるルールも遵守する必要があるからです。

1.2.1　新しい価値の創造

　IT の楽しさは、これまでできなかったことを新たに実現できるようになるところにもあるでしょう。新しい価値を創造する、それは IT のエンジニアにとって楽しみでもあります。この価値の創造を積み重ねていくことによって、超スマート社会の実現が期待されます。

　カーナビゲーションシステム（カーナビ、car navigation system）の例で説明してみましょう。ご存知のとおり、カーナビは画面上に地図を表示して、行き先までの道案内をしてくれるシステムです。

　図 1.2 に、アナログの地図帳からカーナビに至る機能追加と付加価値の実現を示します。

　画面に地図を映し出すこと自体は、単にアナログの地図をデジタル化するだけなので、地図帳がコンパクトになる程度の価値しかありません。しかし、地図の中心に自分の位置を表示すること、あるいは、自車をつねに地図の中心に表示するように地図を切り取って表示することは、カーナビならではの機能で

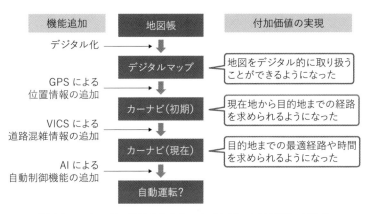

図 1.2　アナログの地図帳からカーナビを経て自動運転に至る道

す。地図の読み方に慣れている人にとっても、移動しながらつねに自分の位置を把握するのは難しいことです。ここで新しい価値が与えられました。

　さらに、目的地を設定して、そこまでの道案内をしてくれる機能は、多くの人々にとって、より大きく新しい価値が創造されたといえるでしょう。とくに、いままで行ったことがない目的地であればなおさらです。最近のカーナビは、曲がるべき交差点の手前で「どの車線を走っているべきか」まで丁寧に教えてくれるようになっています。それぞれのドライバーがそういった情報をうまく取り込んで運転することで、交通流そのものが円滑になり、事故の確率も減っているかもしれません。また、VICS（vehicle information and communication system、道路交通情報通信システム）が道路の混雑情報などを提供してくれるので、渋滞を避けた最短経路も提示できるようになっています。

　このような技術の進化が、次々と新しい価値を提供し、超スマート社会の実現に向けた技術の積み重ねに寄与しています。

　自動運転を実現するためには、自車の周囲を監視してぶつからないようにコントロールする技術も重要なので、カーナビの進化だけでは自動運転は実現できませんが、将来的に自動運転で目的地まで自動で運んでくれるような自動運転車が実現した暁には、現在のカーナビが提供しているような最短経路探索も、自動運転の重要な要素技術になることでしょう。

1.2.2 「できること」と「やってよいこと」

　IT でさまざまなことができるようになり、新たな価値が次々と提供されるようになりました。しかし、IT でできるからといって、それらをすべてやってよいわけではありません（図 1.3）。

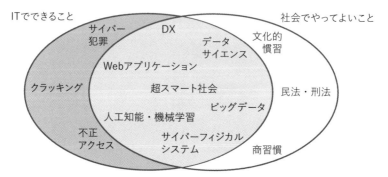

図1.3 「IT でできること」と「社会でやってよいこと」

　当然ながら、IT でできることだけれども社会は許容しないことという事項はいくらでも考えられます。代表的なものはサイバー犯罪（cybercrime）です。犯罪なので、社会のルールからは逸脱しています。クラッキングや不正アクセスなども類似の行為です。

　また、社会のすべてをデジタル化できるわけではないので、既存の法整備でIT とは関係ない部分も多く残ります。いずれにしても、サイバーフィジカル社会が対象となるのは、両者が重なる部分です。両者を幅広く教育することによって、これからの社会に適合した人材を育んでいく必要があります[†]。

1.2.3　社会実装における擦り合わせ

　犯罪や不正が許されないという点は自明ですが、グレーゾーンにあたる部分の解釈が難しいところです。とくに、IT はまだ歴史が浅く、急速に発展してきた分野でもあるため、既存の法整備や社会のルール整備が技術の進化に追いついていない部分が多数あります。

　[†]　たとえば筆者が所属する中央大学の国際情報学部では、「情報の仕組み」と「情報の法学」という二つの大きな柱を掲げて教育を実施しています。同学部には、IT × Law という意味を込めて、iTL（アイ・ティー・エル）という略称がつけられています。

　そのような境界領域の具体例としてどのようなものが考えられるか、いくつか見てみましょう。

　インターネットを介してコントロールできる機能を備えたエアコンは代表的です。当初、あるメーカーが、ネットで遠隔操作できるようにしたエアコンを販売しようとしたところ、監督官庁から「待った」がかかりました。エアコンのような製品は、誤動作で火災のリスクがあると判断されたのでしょう。法的な基準との擦り合わせができていなかったようです。その後の調整を経て、現在では類似の機能をもつエアコンが各社から発売されるようになっています。

　ライフログとプライバシー保護の関係性も、まだ解決されていない問題といってよいでしょう。

　ライフログ（life log）とは、人々の生活をまるごと記録に取ってしまおうという技術です。1年間は8,760時間です。100年生きたとして約876,000時間[†1]です。1時間の動画が1ギガバイト（G byte）程度に収まるとすれば[†2]、876テラバイト（T byte）、すなわち1ペタバイト（P byte）弱のストレージに人間一人、一生分の動画を格納できるというわけです。実際には眠っている時間もあるので、もっと少ない容量で記録できるでしょう。このような、人生をまるまる記録できる十分な容量の記憶装置も、いまや手に入れるのは難しくありません。

　また、最近のスマートフォンにはカメラが必ずついており、リアルタイムに動画を圧縮してデータセンターに送信する技術も確立しています。首からぶら下げるようなライフログ用カメラ製品も販売されています。すなわち、技術的には、動画を用いたライフログは十分に実現可能な状況です。

　一方で、ライフログ技術の周辺には、社会的な問題として解決しなければならない問題がいろいろと残っています。その一つが、プライバシー保護をどうするかという問題です。ライフログの対象となる個人は、その対象者がすべての行動を記録に取ること、その記録が自分の意図しない使われ方をしないことなどに同意すれば、問題ないでしょう。しかし、人間は一人で生きていくものではありません。

　人間が生きていくうえでは、当然のように社会的行動が伴います。というこ

---

†1　閏年を考慮していないので、実際にはもう少し長くなります。
†2　若干粗めの画質でよければ、このくらいに収まるでしょう。

とは、記録されるビデオには他人も映り込むはずです。そのような第三者のプライバシーをどのように保護すればよいでしょうか。すべての関係者に承諾を得るのは現実的ではありません。なかなか難しい課題です。

このように、技術的に可能なものであっても、社会のルール整備が間に合っていない部分が次々と出てきています（図 1.4）。

図 1.4　超スマート社会実現に向けたさまざまな社会課題

1.2.4　技術が先行するサイバーフィジカル社会

エアコンの IoT 化やライフログ以外にも、技術の進化に社会が追いついていない例はあります。これには社会のルールだけでなく、人間の心のもちよう、感情的な面や文化的ギャップ、あるいは社会心理など、さまざまな要因があります。

いま、日本の都市にある駅ではほとんどの改札が自動改札になり、それらの改札では、Suica や PASMO などの交通系 IC カードやモバイルデバイスに組み込まれた非接触 IC チップ技術を、多くの乗降客が利用しています。これらの技術の優れている点は、歩く速度をほぼ落とすことなく改札口を通過できることと、入出場記録を登録できることで、客側と駅側の双方に大きな利点があります。

当然ながら、乗客はある駅で改札口を通過して駅に入り、電車に乗って別の駅で降ります。降りた駅では再び改札口を通過して駅から出ます。ということは、電車に乗って、誰がどこからどこまで移動したかが記録されるということ

です。これらを集積すれば、人の流れを計測できるでしょう。そのデータは、社会全体の最適化†に役に立つ可能性がある貴重なデータです。

　プライバシー保護の観点から、個々人が特定されるようなことは望ましくありません。したがって、それぞれのデータは匿名化（anonymize）され、統計的にしか扱えないような方法で利用されるべきです。かつて、そのような処理を加えて十分な配慮をしたにもかかわらず、鉄道会社が別の企業にデータを提供しようとして社会問題になったことがありました。これは、データの使われ方が市民に十分理解されておらず、感情的な批判につながったことでデータの利活用が進められなかったという点で、とても残念なケースです。

　これから、このような難しい判断が求められるケースはますます増えていくでしょう。直近で予想される大きな問題は、自動運転車が事故を起こしたときに誰の責任を問うべきであるかという問題です。

　自動で運転して目的地まで連れて行ってくれる自動運転車は、近い将来実用化されるでしょう。技術の進化はもうそこまできています。しかし、それを社会で誰もが利用できるようになるには、社会的なルールの整備も必要です。技術の進化に合わせて、日本の道路交通法も微調整が進められています。しかし、まだ日本の法律は、先の疑問、すなわち事故が起こったときに誰の責任が問われるべきかという問題に、しっかりと答えられるまでには至っていません。

　成熟した真のサイバーフィジカル社会を実現するためには、技術開発を進めるだけでなく、社会的な配慮や、文化的な適合まで、あらゆる面で最適化を図らねばならないのです。

1.3　サイバーフィジカルシステム

　超スマート社会は、サイバー空間（電脳空間）とフィジカル（物理的）につながったサイバーフィジカルな世界です。SF映画のようですが、かつては夢物語のようなものだったITによるサービスが、すでに現実のものとして実現されています。この節では、サイバーフィジカルとは何かを具体的に考えてみましょう。

---

†　もちろん、使い方は注意する必要があるでしょう。特定の企業に利するような使い方もできるかもしれません。それを許容するか否かは議論が必要です。

1.3.1　サイバーワールドとリアルワールド

一般社団法人電子情報通信学会に、「サイバーワールド研究会」（CW 研）と
題された研究会があります。2005 年に設立された研究会なので、そこそこ長
く続いている研究会といえるでしょう。この研究会が掲げている設立趣旨を紐
解くと、サイバーフィジカル社会とは何かが見えてくるかもしれません。

ヒントとなりそうな情報は、CW 研の設立記念イベントとして企画されたシ
ンポジウムの説明[†1]にあります。

> 今後の情報システムで実現される世界をサイバーワールドと呼ぶことに
> すると、その世界では、今後どのような新しい応用や利用形態が考えられ
> るのか？　そして、そのようなサイバーワールドを実の在るものにするた
> めには、今、何が不足しているのか？　（中略）本セッションでは、この
> 点について実際にサイバーワールドに係っている立場から問題提議してい
> ただき、サイバーワールド実現のための必要技術・研究の曼荼羅図（フィー
> ルドマップ）を作成する。

大胆にも「情報システムで実現される世界」をサイバーワールド（cyber-
world）と定義しています。ここでは、情報システムが中心となっている世界
をサイバーワールドとよぶことにしましょう。具体的なイメージとしては、イ
ンターネットのなかの言論空間、それは代表的なサイバーワールドの一つで
しょうか。

一方、我々の住む世界、現実の世界はリアルワールド（real-world）です。
ほんの数十年前ですら、情報システムが社会を動かしている[†2]とはいい難い
アナログの世界でした。しかし、IT が急速に進化し、いまでは情報システム
と社会は切っても切れない関係です。

サイバーワールド研究会でさまざまなトピックが現在も議論されているの
は、いまやサイバーワールドがリアルワールドを侵食しつつある状態を具現化
しているのかもしれません。それを別の言葉で表した社会が、サイバーフィジ
カル社会（cyber-physical society）です。そして、IT の多様な技術がそれを支
えています。

---

†1　https://www.ieice.org/iss/cw/jpn/fit2005.txt
†2　後で述べるように、機械によらない情報システム自体は古くから存在していました。

1.3.2 高性能コンピュータを持ち歩く時代

社会の情報化はいつから加速したのでしょうか。1940 年台後半に、ペンシルベニア大学でジョン・モークリー（John William Mauchly）とジョン・プレスパー・エッカート（John Adam Presper Eckert Jr.）により開発された ENIAC（electronic numerical integrator and calculator）が、世界最初のコンピュータだといわれています。それからまだ 1 世紀も経過していません。しかし、現在は周りをコンピュータに囲まれて生活するような時代になりました。

実際、毎日多くの人が、超高性能なコンピュータをポケットに入れて、あるいは、カバンに忍ばせて歩いています。そう、その超高性能なコンピュータとは、スマートフォン（smartphone）のことです。

いまから半世紀ほど前からしばらくは、コンピュータの用途は研究のための科学技術計算に限られており、スーパーコンピュータ（supercomputer）、略してスパコンとよばれる大きなコンピュータが利用されていました。当時の代表的なスパコンであるクレイ・ワン（Cray-1）というコンピュータの大きさは、冷蔵庫ほどもありました。

その後、コンピュータの計算能力は倍々ゲームで向上していきました。処理能力だけでなく、より微細に部品を構成できるようになり、集積度も指数関数的に上がりました。その結果、かつてよりも高い処理能力をもつコンピュータを、より小さい筐体に組み込むことが可能になっていったのです。その代表的な存在がスマートフォンです。

スマートフォンは「phone（電話）」という名前こそついているものの、電話というよりはコンピュータそのものです。その処理能力はとうの昔にクレイ・ワンがもっていた計算能力をはるかに超えるようになっています。通話以外にもさまざまなことができるようになっていった結果、もはやスマートフォン利用者のなかには「通話はしない」という人も少なからぬ割合でいるようです。じつは私もその一人で、スマートフォンを毎日活用していますが、通話することはほとんどありません。

コンピュータはさらに小型化し、ウェアラブルコンピュータ（wearable computer）も実用化されています。代表的なものはスマートウォッチ（smart watch）でしょう。

スマートウォッチもまた、高性能な小型コンピュータの一種です。ウォッチと名がついていますが、単なる時計ではありません。さしずめ、手首に装着す

るコンピュータというところです。

　そのほかにも、ゴーグルやサングラスに内蔵されるもの、衣服に組み込まれるもの、靴や手袋に仕込まれたものなど、さまざまなウェアラブルデバイス／ウェアラブル機器が提案されています。これらの特徴は、生体計測センサ（biometrics sensor）を備えていることです。着用することにより、常時、身体の情報を取り込めるようになっています。

　モバイルデバイス／モバイル機器はまた、GPS（global positioning system）で位置情報を取得することもできます。これらの情報を吸い上げる社会基盤が、サイバーフィジカル社会を実現するための重要かつ大きな背景になりました。これらはサイバーワールドとリアルワールドの重要な接点になっているのです。

1.3.3　ユビキタスコンピューティングとサイバーフィジカルシステム

　コンピュータの普遍化に関する手段は、人間が持ち歩くモバイルデバイスやウェアラブルデバイスだけではありません。コンピュータが小型化してあらゆるところに埋め込まれるようになった結果、見回せばあちらこちらにコンピュータが遍在する、ユビキタスコンピューティング（ubiquitous computing）が実現されるようになりました。

　「ユビキタス」とは聞きなれない言葉かもしれません。日本語では「遍在」†するという言葉です。ひらたくいうと、どこにでもある、ということです。

　いまや家庭電化製品にもコンピュータが組み込まれている時代です。テレビやオーディオセットのような情報家電（information appliance）とよばれる製品群はもちろんのこと、エアコンや冷蔵庫など、いわゆる白物家電ですらコンピュータが内蔵されるようになっています。夏の暑い日、帰りがけにスマートフォンから遠隔操作で自宅にあるエアコンのスイッチを入れておけば、帰宅したときには自宅は冷えていて快適な状態になっている、などという使い方もできます。

　あるいは、自動車はどうでしょうか。現代の自動車は、走るコンピュータといっても過言ではないでしょう。エンジンの電子制御から始まり、ブレーキやステアリングにも、コンピュータによる制御で電子的に補助するシステムが用

---

† 　同音異義語として「偏在する」という言葉がありますが、こちらは「かたよって存在する」という意味なので、真逆の意味になってしまいます。間違えないように注意しましょう。

いられています。最近ではメータ類もデジタル化が進みました。カーナビゲーションシステムにもコンピュータが入っています。無線を使ってネットに接続できる自動車もあります。極めつきは先進運転支援システム（ADAS, advanced driver-assistance system）です。各自動車メーカーは、人工知能（AI, artificial intelligence）を使い、最終的なゴールとして自動運転車（self-driving car）の実現を目指しています。自動運転機能の実現には、コンピュータが必要不可欠です。

　あらゆる場所にコンピュータが埋め込まれ、それらがネットワークで結ばれて相互に連携しつつ、生活を豊かにする社会、それがサイバーフィジカルな社会です。さまざまなモノがインターネットに接続されている状態のことを、モノのインターネット（Internet of Things）とよびます。一般的には、IoT（アイ・オー・ティー）という省略形が使われます。この IoT とユビキタスコンピューティングの概念が、リアルワールドとサイバーワールドをつないでいます。

　他方、サイバーワールドも高度に進化しています。データセンターが世界各地に整備され、インターネット上でさまざまなサービスを提供するという、クラウドコンピューティング（cloud computing）の概念が進みました。そのおかげでビッグデータ（big data）とよばれる、大量かつ多様なデータを即時に処理できる環境が整備されました。ユビキタス環境あるいは IoT から吸い上げられたデータは、クラウドコンピューティングで瞬時に処理をされ、その結果がリアルワールドに適用される……そのような仕組みが、サイバーフィジカ

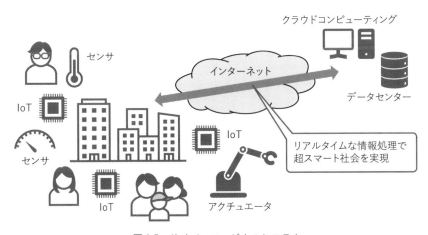

図 1.5　サイバーフィジカルシステム

ルシステム（CPS, cyber-physical system）です（図 1.5）。

1.3.4　SF 映画の世界が現実に

子供の頃に観た SF 映画に、地球防衛軍の隊員が手首につけた通信装置を使って本部と通信しているシーンがありました。これは、現在、スマートウォッチとして実現[†1] されているものです。もっとも、手首を口にもっていって通話するスタイルはとても不自然なので、ヘッドセットを併用するなどの工夫がなされており、SF 映画でのシーンがそのまま再現されているというわけでもないようですが。

漫画「ドラえもん」に出てくる「ほんやくコンニャク」は、食べるとどんな言葉でも話せるようになるひみつ道具です。漫画が描かれた当時は夢物語のような荒唐無稽さがありましたが、いまや同等の機能が実用化されるようになっています。

機械翻訳（machine translation）の技術が相当に進化し、だいぶ自然な翻訳結果が実現されるようになりました。翻訳機能だけでなく、音声認識（voice recognition）と音声合成技術（speech synthesis technology）による音声入出力を備えた、まさにほんやくコンニャクをそのまま実現したような商品すら販売されています。これらのサービスを活用することにより、言葉の違いによるコミュニケーションのハードルはずいぶんと低いものになりました[†2]。

自動車の自動運転も、昔は SF 映画のなかだけのものでしたが、ここ数年で先進運転支援システム（ADAS）が格段に向上しました。条件がそろえば、ス

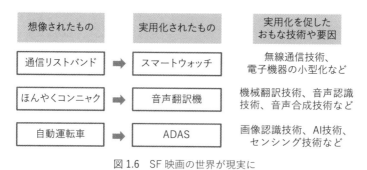

図 1.6　SF 映画の世界が現実に

---

†1　ドクター中松氏による「ウデンワ」という発明もありました。
†2　とはいえ、英語学習が不要になったわけではありません。

テアリングから手を離し、アクセルペダルやブレーキペダルを踏まなくても勝手に運転してくれる車も売り出されるようになっています。まだ完全に自動化されるところまでは至っていませんが、近々、行きたいところを指示するだけで、自動運転で連れていってもらえるようになるかもしれません。

このように、かつて漫画や映画の世界で想像されたものが、さまざまな技術の進歩により実用化されてきています（図 1.6）。

1.4　技術者に求められる必須の知識

ここまで論じてきたように、サイバーフィジカル社会を技術者として生き抜くためには、技術的な知識をもつだけでは不十分です。技術者だからといって技術のことだけにかまけていてはいけません。現実社会に無理なく適合するサイバーフィジカルシステムを実装するには、社会のルール、法的知識も最低限は身につけておかねばなりません。

そのほかにも、システムが対象とする分野の知識（ドメイン知識）も必要でしょう。さらに、インターネットによってボーダーレス社会となった現在は、国境を越えた異文化理解も重要です（図 1.7）。この節では、サイバーフィジカル社会を支える IT のエンジニアとして最低限もつべき技術的知識と、それ以外の分野における必要知識について整理しておきましょう。

図 1.7　サイバーフィジカル社会を支える技術者に求められる知識

1.4.1　包括的な技術的知識

IT に関する知識は、できるだけ幅広くもっておいたほうがよいでしょう。トランジスタの PN 接合から始めよとまではいいませんが、コンピュータが電気で動いている以上は、コンピュータを構成する半導体素子の電気的な特性や、情報が電気信号でどう表現されるかということ、論理回路（logic circuit）の

イロハくらいは知っておくべきです。これらは本書では割愛していますが、IT エンジニアにも適した入門書が多数ありますので、それらも活用しましょう。

　現在利用されているコンピュータのほとんどは、ノイマン型とよばれるタイプのコンピュータです。コンピュータの動作原理と情報システムの動作原理についてもしっかりと理解をしておきましょう。

　さらに、サイバーフィジカルな社会を実現するためには、サイバーワールドとリアルワールドの接点、界面（interface）となる部分の理解が不可欠です。具体的には、各種のセンサ（sensor）でデータを収集したり、人間に自然な入力を促したりといったあたりをどのように実現するかという方法に関する知識です。

　また、情報の入力だけでなく、サイバーワールドでの計算結果を実社会に反映する部分も考慮せばなりません。アクチュエータ（actuator）を用いて物理的な装置を操作したり、さまざまな方法で情報を提示する装置を考えたり、あるいは、その情報ディスプレイで効果的に情報を伝えるための情報構造（information architecture）を検討したりといったことも必要です。

　もちろん、システムのハードウェア（hardware）だけ理解していても不十分です。「コンピュータ、ソフトなければただの箱」とはよくいったもので、ソフトウェア（software）あってこそのコンピュータです。

　いまではソフトウェアの種類も多岐にわたっているとはいえ、基本的なプログラミングはそう変わりがありません。プログラミング言語を一つ覚えれば、いろいろと応用は利くでしょう。

　また、情報システムの構成、データベース（database）や通信ネットワーク（communication network）といったシステムの要素技術もざっと理解しておく必要があります。さらには、コンピュータ科学や情報科学（information science）の基礎知識に加えて、そのようなシステムをどう作ってどう維持していくかといったソフトウェア工学（software engineering）の知識も、ある程度は身につけておいたほうがよいでしょう。

1.4.2　最低限知っておくべき法的知識

　現代は契約社会です。仕事を遅滞なく進めなければならないのも、契約で定められているからです。契約（contract）とは、受注者と発注者が相互に約束して物事を進める基本となるものです。双方それぞれに都合があるので、契約

書の条項を定める際には双方の利害が対立することもあります。したがって、当事者である技術者も契約の作業を軽んじるべきではありません。契約書を読める程度の知識は備えておきましょう。

また、知的財産権に関する知識も不可欠です。ソフトウェアそれ自身も立派な知的財産（intellectual property）です。自らの権利を守るために、あるいは、他人の権利を侵害しないために、権利に関する適切な知識を頭に入れておかねばなりません。

さらに、サイバーフィジカルシステムはときとして人を対象としたシステムになり得ます。そのような場合には、倫理的な配慮が求められることもあります。個人情報やプライバシーの保護について考えないといけません。

このように、システムを取り巻く法的知識（legal knowledge）は多方面にわたります。技術者といえども避けて通るわけにはいかず、最低限の知識は身につけておくべきです。

1.4.3　都度学ぶべきこと

システムが対象とする領域の知識も重要です。そのような知識のことをドメイン知識（domain knowledge）といいます。

業務システムの開発は、通常、その業務で行われている手順をくまなく調査することから始めます。その手続きは、業務分析（business analysis）とよばれます。業務分析にはさまざまな手法が提案されており、効率的かつ過不足のない業務分析を行うには、それなりのスキルと経験が必要です。

しかし、この業務分析をおろそかにすると、適切な業務システムを実装できません。必要な手順が漏れていると、その部分を運用でカバーしなければならず、業務効率が低下します。また、不要な手順を実装してしまうと、逆にその冗長な部分が業務効率を悪くするかもしれません。もしくは、せっかく作った機能が使われないという運用がなされ、開発工数や費用の無駄で終わってしまうでしょう。

そのような状況の理解が進み、最近では日本でも†ユーザ企業が自力でシステム開発を行う、あるいは、システム開発企業を子会社として自前でもつよう

---

† 米国ではかなり以前からその傾向が見られており、日本も 20 年遅れてその傾向が拡がるだろうと予想されていました。

なケースが増えてきました。システム提供を行う企業、SI 企業（system integrator）としては、いままで以上にユーザの業務の理解が重要になっています。もしくは、ユーザ自身が自分たちのためのシステム開発を行う支援をする、というように、サービスの提供方法が変化してきています。

特定企業の業務システムの開発に限らず、多くの場合、システムを実装する際にはその対象とする領域の知識が不可欠です。特定業界に向けたシステムを用意するのであれば、その業界の商習慣に対する十分な理解が求められるでしょう。自然を相手にするシステムであれば、自然法則や環境に関する知識も必要になるかもしれません。

ここまで何度か例に出している自動運転車の開発であれば、周囲の情報を取得するためのセンシング技術（sensing technology）や、車々間通信、路車間通信などの無線通信技術（wireless communication technology）に関する知識が求められることもあるでしょう。自動運転車に関するソフトウェア分野に目を向ければ、自動運転の頭脳である人工知能や機械学習（machine learning）の知識は必須です。また、入力された画像から特徴を取り出すためには、画像認識（image recognition）の知識が必要です。

技術的な知識だけでなく、道路交通法など交通法規も知っておかねばなりません。法律の範囲での実装が求められるからです。それ以外にも、運転者の特性や運転者と自動運転車がどのようにやりとりするかといった、ヒューマンインタフェースや人間の行動特性に関する検討も必要になってくるでしょう。

1.4.4　ボーダーレス社会に向けた異文化理解

最後は異文化理解（cross-cultural understanding）の重要性です。現在は、インターネットの普及が世界のボーダーレス化を進めました。

日本は島国なので、諸外国に行くには船か飛行機に乗っていかなければなりません。したがって、どこに行くにも時間がかかるのは致し方ありません。しかし、サイバースペースに国境はありません。ネットの世界では、クリック一つ†で諸外国の文化に触れることができます。最近では、オンライン会議ツールを使って顔を合わせた会議も一般的になりました。グローバルな会議で気に

---

† もちろん、国内のサーバにアクセスするよりは多少の時間がかかるかもしれません。しかし、ミリ秒単位の違いであり、あまり気になることはないでしょう。

するべき課題は、時差の違いによる時間設定くらいです。

インターネットやビジネスの公用語は、現在のところ[†]英語とされています。したがって、英語でコミュニケーションできる能力を身につけておくとよいでしょう。ただし、1.3.4 項で紹介したように、日々、機械翻訳の技術は高度になっています。したがって、単に表面的な意思疎通を行うだけであれば、それらのツールに頼ることでなんとかなるかもしれません。

ここで重要となるのが異文化を理解する能力です。機械翻訳は言葉だけならまだしも、文化の違いを埋めるところまで助けてくれるわけではありません。世界各国、各地域には文化の違いがあることを知り、異文化を尊重する姿勢で臨まねばなりません。こればかりは、慣れが必要です。とくに、あまり他国の文化に触れる機会が少なかった島国に住む日本人には、ともするとその違いに恐怖を感じてしまい、異文化を排除したくなってしまう人も多いようです。しかし、これも具体的な知識を身につけることで克服できます。

よく例として挙げられる違いは、丸とチェックマークの違いです。日本では、正解を丸、誤りをチェックマークで示します。しかし、欧米ではそれは逆です。正解にはチェックマークをつけ、誤りを丸で囲んで指摘するという文化があります。これは、お互いにそのような違いがあるということを知らないと、誤解が生じてしまうでしょう。

異文化を尊重する姿勢はグローバルな社会を理解するためにも重要ですが、ローカルな社会においても、異業種の文化を理解するときに応用できるでしょう。いずれにしても、自分の知らない世界があることをきちんと認め、文化が異なる人々に敬意を払って対話するコミュニケーション能力をもつことが、これからの社会においてはますます重要になってくるでしょう。

――――――――――――――――――――――――――― 第 1 章のまとめ

第 1 章では、現代の社会はどのように進化してきたのかということ、現代社会は高度に情報化されていること、情報システムが社会を支えていることについて学びました。社会でのさまざまな活動にかかわる人々は、多かれ少なかれ、IT に関する知識をもっていなければなりません。ましてや、情報システムに携わる

---

† 場所によってはフランス語やスペイン語が公用語とされるケースもあるでしょう。また、今後、中国語がさらに重要になってくるかもしれません。

技術者、エンジニアは、IT に関する幅広い知識を身につけておくべきです。

　また、サイバーフィジカルシステムとは何かについても説明しました。情報システムが構築するサイバーワールドと、我々の生活するリアルワールドは、IoT やさまざまなデバイスを活用したサイバーフィジカルシステムによって、境界が曖昧になってきています。それゆえ、エンジニアといえども技術的知識を勉強するだけでは不十分です。システムのルールだけでなく、社会のルールも学び、技術が生み出す新しい価値を最大限に社会に提供できるように努力すべきです。

--- この章で学んだこと ---

- 近未来の社会を実現するために必要な知識は何か
- 技術だけでは社会は変えられず、社会実装においてはさまざまな擦り合わせが求められること
- サイバーフィジカルシステムとそれが実現する近未来の社会とは何か
- そのために技術者が身につけておく知識の整理

第2章

情報処理の原理

　第1章では、IT に携わるエンジニアの基礎として、IT に関する技術的な知識はひととおり学んでおくべきだと指摘しました。この章では、情報処理の原理として、コンピュータの基礎について学びます。

　情報処理の主体はコンピュータです。もちろん、ソフトウェアがなければコンピュータはただの箱なので、コンピュータを動かすソフトウェアについて深く知っておくことは大切です。しかし、論理的な処理手順がソフトウェアにより記述されるとしても、実際に計算動作を行う実体はコンピュータそれ自身です。そもそも、コンピュータとはどのような原理で動作しているかを知っておくことも大切です。

　サイバーフィジカルシステムにおいては、サイバーワールドとリアルワールドをつなぐ接点としてのインタフェースも重要です。センサやアクチュエータがどのような役割を担うのか、そこでどのような情報処理が行われるのかもしっかりと理解しておきましょう。

　そして、ソフトウェアと、プログラミングについても基礎からしっかりと確認しておく必要があります。ソフトウェアでどのような計算が行われるのか、そのためのプログラムをどうやって記述するのか、基本的なところを整理します。

2.1　コンピュータの基礎

　最近は、コンピュータがそうとわからない形で使われることが多くなっています。一昔前までは、コンピュータといえば、本体を収めたケースやディスプレイ、キーボードなど、どれも同じような構造で、使い方もだいたい決まっていました。小型化やネットワーク技術が進んだおかげで、現在ではさまざまな形でコンピュータが利用できるようになり、コンピュータというものが、外見的にはわかりにくくなっています。では、そもそもコンピュータとはどのようなもので、どんな原理で動作しているのでしょうか。

この節では、有限状態機械やチューリングマシンという、コンピュータを抽象化したモデルを取り上げて、コンピュータの根幹をなす計算の原理について学びます。また、2 進数によるデータの表現について説明します。

2.1.1　問題を解く機械・有限状態機械

コンピュータを、問題を解く機械（problem-solving machine）として考えるところから始めましょう。ここで、話を簡単にするために、Yes/No で答えられる問題のみを考えることにします。文字列を与えると、なんらかの判断によって Yes か No かのどちらかの答えが出るという問題です。例として「与えられた文字列のなかに、a という文字が 3 の倍数個†、入っているか否か」という問題を考えてみましょう（図 2.1）。

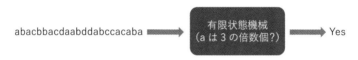

abacbbacdaabddabccacaba → 有限状態機械（a は 3 の倍数個?） → Yes

図 2.1　問題を解く機械

この問題を解く機械は、有限状態機械（finite state machine）で実現されます。有限状態機械は、有限個の状態（state）をもちます。ここでは、それらを q_x で表します。

a という文字が 3 の倍数個だけ含まれるかどうかを判定する問題は、図 2.2 の有限状態機械で解けます。問題解決は状態 q_s から始めます。文字列を一つずつ読んでいき、「a」が来たら次の状態に移ります。それ以外だと状態は変わ

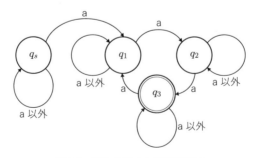

図 2.2　問題を解く有限状態機械

---

† 　ただし、まったく含まない場合は No とします。

りません。文字列を最後まで読んだときに、機械が状態 q_3 になっていれば答えは「Yes」、そうでなければ答えは「No」です。

2.1.2 チューリングマシンとノイマン型コンピュータ

有限状態機械は優れた計算モデル（computational model）ですが、残念ながら万能ではありません。有限状態機械で解けない簡単な問題に、「その文字列は a と b が同じ個数だけ連続する文字列[†1]か否か」というものがあります。

なぜこの問題を有限状態機械で解くことができないのでしょうか。それは、有限状態機械は無限個の状態をもつことができないからです。「有限」状態機械なので、状態数には限りがあります。ある自然数 k が与えられ、「その文字列は a と b が k 個ずつ連続する文字列か否か」という問題であれば、その問題を解くような有限状態機械を定めることはそれほど難しくありません[†2]。しかし、同じ個数だけ連続するか否かという条件は、無限個の場合が考えられるので、有限状態機械で処理できないのです。

コンピュータの父ともよばれるイギリスの数学者、アラン・チューリング（Alan Mathison Turing）は、より広範囲の問題を解決できる計算モデルとしてチューリングマシン（Turing machine）を考案しました。これは、入力する文字列がテープの上に記録されているとし、そのテープを左右に移動させながら読み書きできる、すなわち文字列の書き換えを許すようなものとして状態遷移を考えるというモデルです（図 2.3）。

チューリングマシンを使うと、先の問題も解くことができます。じつは、文字列を読み書きしながら、状態を変化させつつ計算を進める、というこのモデルは、現在のコンピュータとほぼ同等の機能を実現でき、その理論的基礎をな

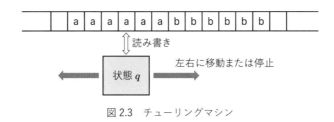

図 2.3　チューリングマシン

[†1]　たとえば、ab、aabb、あるいは、aaa …… abbb …… b のように a が n 個と b が n 個続けて並んだものなど。

[†2]　仮に k の値が 5 だとして、考えてみてください。

しています。

　現在利用されているコンピュータは、そのほとんどがハンガリー出身の数学者、ジョン・フォン・ノイマン（John von Neumann）が考案した基本構成に従っており、ノイマン型コンピュータ（von Neumann architecture computer）とよばれます。これは、プログラム（program）を内蔵し、そのプログラムに従って計算処理を進めるというもので、チューリングマシンを具体的に実装したものだと考えることができます。チューリングマシンにおける文字列が、ノイマン型コンピュータのプログラムに相当します。

2.1.3　コンピュータの構成

　実際のコンピュータはどのような構成になっているかを説明します。図 2.4 は、コンピュータの構成要素を簡単に表現したものです。

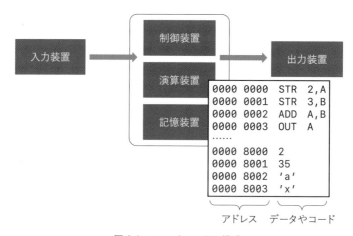

図 2.4　コンピュータの構成

　コンピュータには入力装置（input device）が備えられており、処理すべき情報が入力されます。入力装置の代表的なものは、キーボード（keyboard）やマウス（mouse）です。

　入力装置によって入力された情報やデータは、記憶装置（memory/storage device）に格納されます。記憶装置には一次記憶装置（primary storage device）や二次記憶装置（secondary storage device）があります。一時記憶装置は主記憶装置（main memory）とよばれることもあります。ノイマン型コンピュー

タでは、処理手順であるプログラムは主記憶装置に格納され、順次、読み出されながら処理が進みます。処理対象のデータも同様に主記憶装置に格納されています。図 2.4 の右下にはプログラムとデータが格納されている様子が示されています。主記憶装置にはデータやプログラムのコードが格納されている場所にそれぞれアドレス（address）がついており、アドレスを用いてデータやコードを参照しながら処理が進みます。

　計算処理自体は、コンピュータ内部に備えられている演算装置あるいは中央演算装置（CPU, central processing unit）で実行されます。演算によって状態を変えながら、主記憶装置のアドレスを移動させて計算を進めます。まさに、チューリングマシンと同様の処理を実現しています。また、制御装置（control unit）が一連の動作を司っています。

　計算結果や情報処理の結果は、出力装置（output device）から外界に出力されます。出力装置の代表的なものは、ディスプレイ（display）やプリンタ（printer）です。

　なお、入出力を兼ね備えた装置も多く利用されています。スマートフォンやタブレットなどで利用されているタッチディスプレイ（touch display）は、入力と出力の機能を兼ね備えています。最近では音声による入出力も実現されており、その場合はマイクやスピーカーが入出力装置となります。ネットワークなどの通信装置（communication device）も、外部から情報を入力し、外部へ情報を出力するという意味で、入出力装置の一つであると考えられるでしょう。

2.1.4　2 進数によるデータの表現

　コンピュータの内部で、情報やデータなどの「状態」はどのように表現されているのでしょうか。現在のコンピュータは、電圧の高低で状態を表現します。より正確にいえば、それら状態の組み合わせで情報やデータを表します。

　電圧が高い状態を 1、電圧が低い接地電圧（ground voltage）の状態を 0 で表し、その組み合わせによって多数の状態を表現するのです。0 と 1 の組み合わせは、これは数学の世界でいえば 2 進数（binary number）です。電圧の高低による組み合わせを 2 進数として扱うことで、コンピュータを構成する具体的な電気回路の世界と論理的な情報学の世界が結びつきました。

　図 2.4 の右下の枠内に表現されているプログラムのコードやデータは、何がしかの記号で表現されています。また、同様にアドレスそのものも数値で表現

されています。それらのコードや数値は 2 進数ではありません。しかし、実際には、コンピュータの内部ではこれらはすべて 2 進数で、0 と 1 だけで表現されているのです。コードは数値に置き換えられ、数値はすべて 2 進数として扱われます。

ただし、2 進数表現された数字はやたらと桁数が多くなってしまい、人間にとってわかりやすい数値ではありません。そこで、コンピュータ内部の数字を人間が扱うときは、8 進数や 16 進数で表現して取り扱うことがしばしば行われます（表 2.1）。

表 2.1　数の表現（2 進数・8 進数・16 進数）

2 進数	8 進数	16 進数	2 進数	8 進数	16 進数
0000	000	0x0	1000	010	0x8
0001	001	0x1	1001	011	0x9
0010	002	0x2	1010	012	0xa
0011	003	0x3	1011	013	0xb
0100	004	0x4	1100	014	0xc
0101	005	0x5	1101	015	0xd
0110	006	0x6	1110	016	0xe
0111	007	0x7	1111	017	0xf

また、取り扱うことができる数値には、通常、下限と上限の範囲が定められていることも注意が必要です[†]。さらに、正の整数ではない数値をどう扱えばよいでしょうか。コンピュータで扱うことができるデータは 0 と 1 のみなので、マイナスの記号は使えません。小数点を使うこともできません。これらについては、補数表現（complement representation）や浮動小数点（floating point）といった仕組みで数値を表現する工夫が盛り込まれています。

2.2　リアルワールドとの接点

前節で説明したように、コンピュータとリアルワールドの接点は入力装置と出力装置です。サイバーフィジカルシステムにおいては、通常のキーボードや

[†]　無限に大きな整数を扱うことができる特別なデータ構造が利用されることもあります。

ディスプレイ以上に、この入出力装置が重要な役割を果たします。この節では、リアルワールドから情報をどのように取り入れるのか、そしてリアルワールドにどのようにはたらきかけていくのかを考えます。

2.2.1 センサとアクチュエータ

現実の世界で起こっている現象をコンピュータで処理するためには、現実のデータを計測して数値化しなければいけません。そこがリアルワールドとサイバーワールドの接点、なかでも入り口側の接点になります。

現実に起こっている何かを計測するデバイスは、センサ（sensor）といいます。計測装置（measuring device）ともいいます。温度を測るには温度センサ（temperature sensor）を使います。物体の移動状況を把握するには加速度センサ（accelerometer）がしばしば使われます。加速度を積分すれば速度がわかり、速度をさらに積分すれば変位が求められます。

CO_2 センサを用いれば、人間の密集状況を推測できます。CO_2 濃度を、人間の行動を測る指標として使うのです。おもしろいところでは、タクシーのワイパーに稼働状況のセンサをつけて、ワイパーが動いているかどうかをリアルタイムに計測するという実験が行われたことがありました。ワイパーが動作している地点では雨が降っているだろうということから、降水状況をリアルタイムに把握するために、市内を移動する自律的なセンサ（autonomous sensor）としてタクシーを利用したというわけです。

一方、コンピュータの処理結果を現実世界に反映させるためのデバイスが、アクチュエータ（actuator）です。駆動装置（drive device）とよぶこともあります。

センサとアクチュエータを応用した興味深い事例を一つ紹介しましょう。それは、養蜂への応用です。

蜜蜂を巣箱で飼育していると、繁殖期に一定の蜂たちが集団で巣を離れてしまうことがあるそうです。この現象を分蜂といいます。飼育している蜂たちに勝手に分蜂されてしまうと、養蜂業者は困ります。そこで IoT の出番です。

分蜂の機運が高まってくると、蜂たちも興奮するのでしょうか、巣箱内部の温度が高くなるそうです。したがって、温度センサで監視していれば、分蜂しそうになっている状況を検知できます。そして、気配を察知したら、アクチュエータの出番です。巣箱の出入り口にコンピュータから制御できる自動ドアを設置しておきます。ソレノイド（solenoid）でオンオフできるような簡単な機

構でよいでしょう。出口の蓋をパタンと閉じてしまえば、蜂は巣箱から出ることはできません。簡単な IoT で分蜂を防ぐ仕組みを作ることができました。

2.2.2 アナログとデジタル

現実世界で起こっているさまざまな事象は、ほぼアナログ値（analog value）として観測されます。アナログ値とは、数値が連続して計測されるような値のことをいいます。

いまではもう懐かしいものとなってしまいましたが、昔の体温計がその一例で、体温により水銀が膨張して目盛りを刻むという仕掛けでした。このように、アナログ値は連続的に指標が変化するという特徴をもっています。

一方、コンピュータが取り扱うデータはデジタル値（digital value）です。2進数で数値を表現するという根本的な性質から、扱う値は離散的な表現にならざるを得ません。

そのため、現実世界の値をコンピュータに取り込む際には、アナログからデジタルへの変換が行われます。また、コンピュータの処理結果を外界に反映させる際には、その逆となる変換、デジタルからアナログへの変換が行われます。前者を A/D 変換（analog-to-digital conversion）、後者を D/A 変換（digital-to-analog conversion）ともいいます。

これらの変換はどのように行われるのでしょうか。A/D 変換の例を説明します。図 2.5 に示す、時系列（time series）で変化するアナログ値のデジタル化を考えましょう。図では、時間の流れを横軸にとり、デジタル化対象となるアナログ値の変化を縦軸にとっています。

図（a）のように、時々刻々と変化するアナログ値を、一定の時間間隔で切り取ります。これをサンプリング、あるいは標本化（sampling）といいます。標本化を行うことで飛び飛びの数値の列が得られるので、離散化（discretization）ともよばれます。このように標本化ないしは離散化の処理を行うことにより、時の流れに沿って連続的に変化するアナログデータを、数列（sequence）として表せるようになりました。

ただし、こうして得られる数列の個々の値は無限のバリエーションがあるので、これだけではまだコンピュータで扱うことができません。そのため、図（b）のように縦軸も有限個のレベルに分割し、標本化で得られた値を最も近いレベルに丸めて離散値で表現します。これを量子化（quantization）といいます。

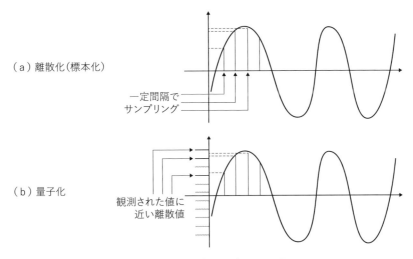

（a）離散化（標本化）

一定間隔で
サンプリング

（b）量子化

観測された値に
近い離散値

図 2.5 　離散化（標本化）と量子化

　また、この量子化における分割の細かさを、解像度（resolution）とよびます。
　このように、連続的に変化するアナログデータは、標本化（離散化）と量子化の処理によりデジタルデータへ変換され、コンピュータで扱えるようになります。D/A 変換は、この逆の手順をとります。離散的なデジタルデータを一定の時間間隔で並べ、それらを補間してつなぐことで、連続的なアナログデータが得られます。
　以上よりわかるように、A/D 変換では量子化による丸め誤差、すなわち量子化誤差（quantization error）が発生します。解像度を上げてこの誤差を小さくすると、人間の感覚ではアナログデータとデジタルデータの違いが認識できなくなってきます。たとえば、図 2.6 はデジタル写真の例です。滑らかに表現されている画像でも、拡大するとデジタルで離散的に表現されていることがわかります。最近ではデジタル表現の解像度向上により、量子化誤差を無視できるほどになりました。これもまた、技術の進化に伴ってサイバーワールドとリアルワールドの境界が曖昧になりつつある一例といえるでしょう。

2.2.3　エッジコンピューティング

　サイバーフィジカルシステムでは、リアルワールドのデータはセンサなどの活用によってサイバーワールドに吸い上げられ、情報システムでなんらかの処

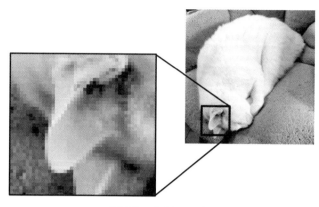

図 2.6　デジタル写真

理が行われます。情報処理の結果を再びアクチュエータによってリアルワール
ドに反映することで、現実の社会そのもの、我々の生活をダイレクトに効率化
しようというアクションがとられます。

　ここで重要なのは、多くの場合、サイバーワールドでの情報処理はネットワー
クを介して、データセンター（data center）にある大規模なコンピュータに送
られ、そこで処理されるということです。

　たとえば、スマートフォンやスマートスピーカー（smart speaker）に搭載
されているエージェント機能（agent function）を例に考えてみましょう。
Apple の Siri や、Android に搭載されている Google Assistant[†1] などです。基
本的に、これらの機能はネットワークに接続されていないと使えません。その
理由は、音声認識でユーザの発話を認識する処理や、それに対してリクエスト
に答える人工知能の処理も、モバイルデバイスの内部で処理しているわけでは
ないからです[†2]。

　これらの処理は、それなりに計算資源（computing resource）を必要とします。
確かにモバイルデバイスの演算装置はかつてのスーパーコンピュータを凌ぐ高
性能になりましたが、それでも、上記の処理を行うにはやや心許ないところが
あります。また、ネットワークを探索して質問に対するより適切な回答を提示
するには、データベースに蓄積された膨大な知識が求められるでしょう。した

---

　†1　"OK Google" で起動するアレです。
　†2　なお、最近のモバイルデバイスは CPU が強化され、かなりの部分をデバイス内部で処理でき
　　　るようになったそうです。これも一種のエッジコンピューティングといえるでしょう。

がって、原則としてエージェント機能の処理は、ネットワークの向こう側にある強力なコンピュータを用いて行われているのです。

ところが、なんでもかんでもデータセンターの強力なコンピュータで処理をしようとすると、そこには別の問題が発生します。ネットワークのトラフィック（traffic）、データの通信量が膨大になるという問題です。

通信ネットワークの能力である、単位時間あたりにどれだけのデータを通信できるかという通信速度は日増しに向上しています。しかし、一方で通信するデータの量自体も急増しており、いたちごっこの様相を呈しています。

そこで、サイバーワールドの端点（edge）でできる処理はその場でやってしまおうという考えが浮かびました。センサから入力したデータを、その場で処理できる部分はなるべく現場で処理してしまい、反映しようという考え方です。通信量を削減できるだけでなく、通信による遅延（delay）もなくなるので、リアルタイムに反応できるようになるという利点もあります。

このように、現場でできる処理は現場でやってしまおうという考えに基づいたシステムのことを、エッジコンピューティング（edge computing）といいます。

2.3 ソフトウェアの仕組み

いくら素晴らしいハードウェアのコンピュータであっても、その上で動作するソフトウェアがなければ宝のもち腐れです。「コンピュータ、ソフトなければただの箱」です。この節以降では、ソフトウェアの概要、さらにはプログラミングとは何か、現代的なプログラミングの構成要素などについて説明します。

2.3.1 バイナリコードとソースコード

ここまでの説明を踏まえると、有限状態機械やチューリングマシンの状態遷移図をコードで表現したものがソフトウェア、プログラムであると考えられるでしょう。

すでに説明したように、CPU が理解できるデータは 0 と 1 からなる 2 進数の表現のみです。しかし、それではわかりにくいので 8 進数や 16 進数で表現するのでした。しかし、いくら 16 進数でデータを表示するようにしたからといって、図 2.7(a)のように、実際のコードは謎の文字列にしか見えません。

```
0000400 51 54 23 1f b9 71 e1 9d 9d fa 6d 79
0000410 b5 c6 b9 a8 a5 c0 14 8b 56 c0 db 49
0000420 b6 f1 71 d0 f4 87 0e 44 99 b3 6d b9
0000430 78 2c df 22 e3 fa e8 8c 02 4b 3c 83
0000440 6e 62 19 f6 84 e9 7b 92 de bf 09 3b
0000450 77 b7 fb b5 10 79 b6 96 56 2f 69 a1
0000460 6f bb 3f ee 6d 8c 45 f8 b8 84 77 75
0000470 b0 ba 7d 4f c3 4b a5 bb 8b d8 aa 95
0000480 8e d6 92 52 56 52 c8 35 45 bd b5 5e
0000490 51 51 a0 b1 d4 13 93 77 26 7a f0 83
00004a0 8f c6 6a 9f c7 af f1 e5 db 1e 91 92
00004b0 c5 9b bc d5 c9 fe 99 44 03 29 b7 a2
00004c0 a5 4f 6c 7e 4f ac 4d a3 91 13 c5 ef
00004d0 3b d2 70 f1 4e fd 90 e7 4c c9 c7 a7
```

```python
with urllib.request.urlopen(req) as res:
    content = json.loads(res.read().decode('utf8'))
    # loop for labels
    for item in content:
        label = item['label']
        wid = item['id']
        url2 = "{0}/api/trends/{1}".format(urlbase, wid)
        req2 = urllib.request.Request(url2)
        dct = {}
        # loop for words of each label
        with urllib.request.urlopen(req2) as res2:
            content2 = json.loads(res2.read().decode('utf8'))
            for item2 in content2[0]:
                word = item2['word']
                freq = item2['freq']
```

（ a ）バイナリコード　　　　　　　　　（ b ）ソースコード

図 2.7　バイナリコードとソースコード

　演算装置で直接実行できるようなコードのことを、機械語（マシン語、machine code）、あるいは、バイナリコード（binary code）といいます。バイナリコードは、CPU が直接解釈できる一方で、人間が読み書きするのはなかなかの苦労を伴います[†1]。

　そのため、人間でも簡単にプログラムを読み書きできるように、高級言語（high-level language）が考案されました。図 2.7(b)のように、そのようなプログラミング言語（programming language）で書いたプログラムのことを、ソースコード（source code）といいます。ソースコードは人間の言葉に近い表現であることがわかるでしょう。

2.3.2　プログラミング言語のいろいろ

　プログラミング言語にはどのようなものがあるでしょうか。プログラマたるもの、一度は自分でプログラミング言語を作ってみたいものなのだそうです[†2]。いずれにしても、プログラミング言語は IT のエンジニアによって人工的に作られた言語です。普段我々が日常的に使っている言語、日本語や英語などは、自然言語（natural language）です。対して、プログラミング言語は人工言語（artificial language）といいます。

　図 2.7(b)を見ればわかるように、プログラミング言語は英単語と記号の組み合わせでできています。日本語で記述できるプログラミング言語[†3] もあり

[†1]　8 bit CPU など構造がまだ単純だった頃には、バイナリコードで直接プログラムを作ることも不可能ではありませんでしたが、現在の複雑な CPU ではなかなか難しいでしょう。

[†2]　私には、そのような欲求はありませんでしたが……。

[†3]　日本語で記述できるプログラミング言語は「なでしこ」が有名です。

ます。また、子供にも理解しやすいように、機能をもつブロックを組み合わせてプログラムを記述するような言語もあります。そのようなプログラミング環境のことを、ビジュアルプログラミング[†1]（visual programming）といいます。

　自然言語に近い言語で記述（プログラミング）されたプログラムを、どうやってCPUが解釈して計算を進めるのでしょうか。それについては次項で説明します。ここでは先に、プログラミング言語のスタイルにはいくつかの種類があることを説明しておきましょう。

　プログラミング言語には、

- 手続き型言語（procedural language）
- 関数型言語（functional language）
- 宣言型言語（declarative language）
- 論理型言語（logical language）

など、いくつかのスタイルの違いがあります。ただし、これらは排他的なものではなく、関数型のエッセンスを取り入れた手続き型言語なども一般的です。あくまで、プログラミング言語にはこのような特徴があるということを理解してください。

　最も一般的で、普及している言語のスタイルが、手続き型言語です。手続き型言語は一定の制御構文に従って順番にコードを実行していくもので、コンピュータの動作原理である、有限状態機械やチューリングマシンのプログラムに最も近いものです。最もわかりやすく素直なプログラミングパラダイム（programming paradigm）であるともいえるでしょう。本書でも、基本的にはこの手続き型のプログラミングを説明します。

　関数型言語も人気が高いものです。次節で説明するように、手続き型にも関数（function）という機能があります。関数型言語はその概念を推し進めて、数学の関数に近い計算モデルを提供します。情報システムそのものが大きな関数と考えることもでき、関数でシステムを記述することに慣れれば、効率的な情報処理機構を構築できるでしょう。

　宣言型あるいは論理型言語も、人工知能を実現するために利用[†2]されたり、

---

†1　ビジュアルプログラミング言語の代表例は「Scratch」です。
†2　人工知能用に利用されるプログラミング言語として有名なものは「Prolog」です。

データベースを操作するために使われたりと、いろいろなところで活用されています。また、特定の領域に向けた特別な言語のことを、DSL（domain specific language）とよぶこともあります。

2.3.3　コンパイラとインタプリタ

　手続き型にせよ関数型にせよ、人間の言葉に近いプログラミング言語で記述されたプログラムは、そのままでは CPU が処理することはできません。なんらかの方法で、CPU が解釈できるバイナリコードに変換するか、ほかの方法で計算を進めるようにする必要があります。

　一つの方法は、高級言語で書かれたプログラムのソースコードを、バイナリコードに変換し、変換したコードを CPU に実行させるというものです。この変換作業のことをコンパイル（compile）といい、変換処理を行う言語処理系（language processor）のことを、コンパイラ（compiler）といいます。

　図 2.8 は、ソースコードをコンパイルして実行形式（executable）を作成する様子を示しています。バイナリコードを格納しており、そのまま実行できるファイルのことを実行形式といいます。複数のソースコードをバイナリコードに変換し、既存のライブラリ（library）などとリンクするという手順を経て、実行形式が作られます。

図 2.8　コンパイル作業

　別の方法として、ソースコードをバイナリコードに変換することはせず、プログラムを逐一解釈しながら計算処理を進めるというものがあります。このような言語処理系をインタプリタ（interpreter）とよびます。

　コンパイラに比べると、いちいちソースコードを解釈しながら処理を進めるインタプリタは実行効率に劣るというデメリットがあります。しかし、最近の

コンピュータは十分に速くなったので、よほどの場合でなければその点はあまり気にならなくなりました。逆に、コンパイル処理を行う必要がないので、試行錯誤でプログラムを開発する際には、気軽に試してみることができるというメリットがあります。

　最近では、実行効率を追求すべく、実行しながらバイトコード（byte-code）に変換しつつ進めるインタプリタや、同様に最初だけコンパイル処理を行うJIT（just-in-time）コンパイラなど、両者のいいとこ取りで計算を進めるような処理系も活用されています。

2.3.4　ソフトウェアの課題

　ソフトウェアは人間による思考の産物なので、完璧なものを作り出すのはなかなか難しいという課題があります。また、完全な対応を望むためにはあらゆる場合を考えなければならず、現実問題として対応しきれないという困難さがあります。

　たとえば、次のプログラムはコマンドライン引数（command-line parameter）で与える二つの整数を足し算した結果を表示するという、非常に単純な C のプログラムです。

```
#include <stdio.h>
#include <stdlib.h>

int main(int argc, char **argv) {
  int a = atoi(argv[1]);
  int b = atoi(argv[2]);
  printf("a + b = \d\n", a+b);
  return 0;
}
```

　このプログラムは、エラー処理（error handling）をまったく考えていません。したがって、実用には適さないプログラムです。このプログラムを実用的なものにするためには、あらゆるケースを考えて、エラーが起こらないように配慮しなければなりません。

　しかし、これだけの単純なプログラムであっても、考えなければならないことはいくつも挙げられます。たとえば、加算すべき引数が二つ与えられなかったときはどうすべきか、引数が整数ではなく実数や、あるいは、数値に変換で

きない文字列だったときはどうすべきか、計算結果がオーバーフロー（overflow）
してしまったときはどうするか、などです。ほかにもまだあるかもしれません。
このような単純な処理でも多くの条件を考えなければならないことがわかりま
す。いわんや、大規模なシステムをや、です。

　複雑なものにならざるを得ないという、ソフトウェアがもつ潜在的な課題は、
バグ（bug）にどう立ち向かうかという問題を引き起こします。バグ[†]とは、
プログラムに潜む誤り、プログラムの不具合（defect）のことです。

　バグをどれだけ潰すことができるか、プログラム開発中にバグをどれだけ回
避できるかは、ソフトウェア開発の永遠の課題です。バグを見つけ出して修正
することをデバッグ（debug）といいます。多くの開発者の手によってバグを
潰し、もうデバッグの必要がないだろうというソフトウェアのことを、枯れた
ソフトウェア（matured software）とよぶことがあります。

　枯れたソフトウェアでも、定期的なアップデートが必要です。なぜなら、そ
のソフトウェア自体は十分に熟成されてバグの可能性が少なくなっているとし
ても、ソフトウェアを実行する環境が日々、進化しているからです。周辺環境
の変化に適合させていく必要があるのです。

2.4　プログラミングの基本

　この節では、一般的なプログラミングの例として、手続き型プログラミング
の概要について説明します。できるだけ特定のプログラミング言語によらない
ような説明を試みますが、実際のプログラミングでは、それぞれの言語で定め
る文法に従う必要があるので、プログラミング言語の言語仕様書を参照してく
ださい。

2.4.1　変数とデータ型、演算子

　プログラムで扱うデータは、通常、何か名前をつけて識別します。ほとんど
のプログラミング言語では、変数（variable）とよばれる箱を用意して、その
なかにデータを格納できます。変数は、箱のなかにデータを格納すると考えて

---

†　コンピュータの黎明期に起こった、実際に虫が入り込んだことで故障したという逸話から、プ
　ログラムの不具合のことをバグというようになったそうです。

も構いませんし、データに名前を書いた付箋を貼りつけると考えてもよいでしょう。

　CPU のなかにはレジスタ（register）とよばれる一時的にデータを保管しておく場所があります。プログラミング言語によっては、変数をレジスタに割りつける†こともできるようになっています。しかし、レジスタは数に限りがあり、大きなデータは入れることができません。したがって多くの場合は、主記憶装置の特定の場所をデータ領域として確保し、そこに変数を配置するという措置がとられます。

　データには、整数型（integer）や実数型（float）、文字列型（string）などの種類があります。これをデータ型（data type）といいます。しかし、プログラムで明示的にデータ型を指定するか否かはプログラミング言語の設計によって異なります。データ型を明示するタイプの言語を静的型付け言語（static typed language）といい、データ型を明示せず実行時に型が定まる、あるいは、できるだけ型を気にせず計算を進めるような言語を動的型付け言語（dynamic typed language）といいます。しかし、いずれにしても、異なる型を直接計算することはできないので、つねにそのデータの型は何かを意識しながらプログラムすることが大切です。

　プログラムでは、データに対してさまざまな演算を行うことができます。演算を記述するための記号を演算子（operator）といいます。最も簡単で身近な演算は、四則演算でしょう。いわゆる、加減乗除です。

　実際のプログラミングでは、四則演算だけでなく、論理演算（logical operation）、比較演算（comparison operation）、ビット演算（bit operation）など、さまざまな演算を記述できます。なお、それぞれの演算には優先順位があるので、間違えないように気をつけましょう。不安を感じたときは、カッコで括って、演算の順序をしっかりと明示しておきましょう。

2.4.2　制御構文

　主記憶装置に格納されたプログラムを順番に実行していくという考え方は、ノイマン型コンピュータの基本的な処理手順に沿ったものであり、素直に理解できるでしょう。ここでは、現代の手続き型プログラミング言語であればほぼ

---

†　プログラミング言語 C には、そのためのキーワード "register" が用意されています。

どの言語も備えている制御構文（control structure）の基本を紹介します。

　手続き型プログラミングにおける制御構文の基本は、図 2.9 に示す順次（sequence）、選択（selection）、反復（iteration）の 3 パターンを組み合わせたものです。

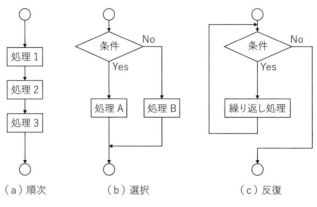

（a）順次　　　　（b）選択　　　　　　　（c）反復

図 2.9　制御構文

　順次実行は最も単純なもので、上から順番に並べた命令（command）を実行していくというシンプルな構造です。図（a）の例では、処理 1、処理 2、処理 3 が、矢印で示された順番で実行されます。

　選択、もしくは、条件分岐（conditional branch）は、条件に従って複数の処理が選択実行されるものです。図（b）で示したものでは、条件が「Yes」のときに処理 A が、「No」のときには処理 B が行われます。

　反復、ないしは繰り返しの処理は、一定の回数、あるいは条件が成立している間は繰り返し処理を行うというものです。図（c）の例では、条件が「Yes」である限り、何度でも繰り返し処理が行われます。

　ここで示した選択のパターンは最もシンプルなものですが、条件分岐を重ねたり、複数の選択肢に対応したりといったバリエーションが考えられます。また、反復も繰り返し処理の入り口に条件が与えられているパターンを示しましたが、処理を行った後で繰り返すか否かを判定するようなパターンもあります。もちろん、選択や繰り返しの処理のなかで、複数の処理の順次実行もあり得るでしょう。これらの処理を組み合わせることによって、複雑な制御構造も実現できるのです。

2.4.3 関数呼び出し

関数（function）の考え方は関数型言語でこそ発揮できるものかもしれませんが、手続き型の言語でも関数という概念はあり、頻繁に活用されています。

図 2.10 は関数の概念を表したものです。f という関数に、入力として x を与えます。すると、処理結果として y が出力される、そのようなごくシンプルな概念です。数式で表現すれば、$y = f(x)$ となるでしょう。x にさまざまな値を入れると、関数 f の出力として、y の値が定まります。

図 2.10　関数の概念

手続き型プログラミング言語における関数も、これとほぼ同様のはたらきをします。多くの関数は、複数の引数（parameter）を受けつけます。関数自体は、複数の手続きをまとめたものです。関数の内部には、先に説明した順次、選択、反復の処理が組み合わされたプログラムが記載されます。

関数は返り値（return value）をもちます。図 2.10 でいえば y に相当するものです。関数を呼び出した側は、関数の処理結果を返り値として受け取ります。

関数はサブルーチン（subroutine）とよばれることもあります。関数やサブルーチンを呼び出すと、処理の流れは関数やサブルーチンに移ります。呼び出された関数やサブルーチンから、さらに別の関数を呼び出すことも可能です。関数呼び出しは入れ子（nesting）にでき、それぞれの処理が終わると直接呼び出したところの直後に制御が戻ります。

プログラムの見通しをよくする方法の一つに、機能単位（function unit）をコンパクトにまとめる手法があります。具体的には、特定の機能を一つの関数としてまとめる方法です。全体としては複雑なシステムも、サブシステム（sub system）に分割し、さらにそのサブシステムもモジュール（module）やサブモジュール（sub module）に分割することで、一つひとつの分割単位を理解しやすくなります。そのように階層的な構造とすることで、システムの全体像を理解しやすくできます。

そのように区分けしていったときに、最小となる単位が関数です。関数単位

で機能を整理すると、プログラムの見通しがよくなります。また、後述するように、最小単位のテストを行う対象が関数単位のテストです。関数をうまく整理できれば、不具合の少ない適切なプログラムを作り上げることができるでしょう。

2.4.4　構造化プログラミングとオブジェクト指向

順次、選択、反復といった三つの制御構文に関数呼び出しを加えたものが、現在の手続き型プログラミングにおける基本的な制御構造です。プログラムの実行手順にこのような構造が与えられているものを、構造化プログラミング（structured programming）といいます。

構造化プログラミングの考え方が一般的になる以前は、goto 文がしばしば用いられていました。基本的には順次実行の考え方に従って、プログラムは順番に実行されます。しかし、goto 文を用いると、プログラムの実行を好きな場所に飛ばせます。

一見便利に見える goto 文ですが、goto 文は、プログラムの順序を無理矢理にでも変えてしまいます。その結果、プログラムの動作を追いかけることが難しくなります。goto 文を濫用したプログラムは、実行順序があちこちに飛んでスパゲティのように絡み合っています。そのようなプログラムのことをスパゲティプログラム（spaghetti program）とよび、忌避すべきものとされています。

goto 文を極力使わずに構造化プログラミングとすることで、プログラムの見通しがよくなります。なお、いまではなるべく使わないことが推奨されている goto 文ですが、エラー処理で例外的に利用するなど、効果的に使うのであればよしということになっています。

プログラムの実行順序は構造化プログラミングで見通しよくなりますが、それをさらに推し進めてデータにも構造を入れ込んだ考え方が、オブジェクト指向プログラミング（object-oriented programming）です。現代的なプログラミング言語は、ほぼオブジェクト指向プログラミング言語として設計されており、オブジェクト指向のさまざまな概念に沿って記述できるような工夫が盛り込まれています。

オブジェクト指向プログラミングでは、関連するデータをひとまとまりのクラス（class）としてまとめます。クラスは構造体（structure）とよばれるデー

タの拡張と考えることもできます。

　関連するデータを一つのクラスとしてまとめるだけではなく、データに対する処理方法も、メソッド（method）として関連付けている点がオブジェクト指向のユニークなところです。それぞれのデータはオブジェクト（object）として独立して扱われます。オブジェクト指向では、オブジェクトの間でメソッドをやりとりすること[†]で計算処理を進めます。

　それぞれのオブジェクト間で、利用できるメソッドかどうかなどを、細かく定めることができます。それにより、情報へのアクセス制御（access control）を実現できます。データへのアクセスをクラス内部に限定して不要なアクセスを阻止することをカプセル化（capsulation）といいます。カプセル化することで、不用意な情報の書き換えを防止し、システムの頑健性（robustness）を高められるようになっています。

―――――――――――――――――――――――――――― 第 2 章のまとめ

　第 2 章では、コンピュータを「問題を解く機械」として見直すところから始めました。計算モデルとしてのチューリングマシンを理解し、その延長線上として、現在広く利用されているコンピュータとして、ノイマン型コンピュータの動作原理について学びました。

　サイバーフィジカルシステムのポイントは、現実に起こっている現象をどうサイバーワールドに取り込んで処理し、その結果を現実世界に反映させるかです。リアルワールドとサイバーワールドの接点として、センサとアクチュエータの重要性を示し、アナログ値をデジタル化すること、デジタル値をアナログ値として再生することなどについて考えました。

　サイバーワールドにおける情報処理は、ソフトウェアによる処理が中心的な役割を果たします。ソフトウェアの仕組みとしてバイナリコードとソースコードの違いについて説明し、コンパイラやインタプリタとは何かについて説明しました。ソフトウェアの難しさについても解説しました。

　最後に、プログラミングの基本概念として、データを変数で扱うこと、データには型があること、演算子で処理することなどについて言及しました。さらに、制御構文と関数呼び出しについて触れ、現在は構造化プログラミングやオブジェクト指向プログラミングが主流になっていることを説明しました。

―――――――

†　オブジェクト指向の文脈では、これをメッセージパッシング（message passing）といいます。

―――――――― この章で学んだこと ―
- チューリングマシンに基づくコンピュータの根本的な動作原理とデータ処理の基本
- リアルのデータをいかに情報システムに取り込むか、そして結果をどのように現実世界に反映するか
- 情報システムの基本となるソフトウェアの仕組みと課題
- プログラミングとは何か、データをどう扱って、処理をどのように記述するか

第 3 章 —————————————————————————————

情報システムの構成

　この章では、情報システムとは何かについて整理します。情報システムとは情報を扱うシステムのことですが、その特徴はどのようなものでしょうか。

　入力された情報を処理し、出力する、そのように定義するときわめてシンプルなモデルで表現できますが、それをどう利用するかまで含めると、じつは情報システムのモデルは単純なように見えて奥が深いモデルです。

　また、「情報システム ＝ コンピュータ」ではありません。機械によらない情報システムも十分に考えられます。現代的な情報システムはコンピュータが欠かせませんが、情報システムのなかでコンピュータがどのように利用されているかはきちんと理解しておく必要があるでしょう。

　さらに、情報システムの主要な要素であるコンピュータとデータベース、ネットワークについて説明します。コンピュータの原理や概要は前章である程度説明したので、この章ではデータベースとネットワークについて、少し詳しく見ていくことにしましょう。

——— 3.1　情報システムのモデル

　ここまでコンピュータの原理からソフトウェア、アルゴリズムなどを概観しました。この章では別の観点から情報システムを見ていきますが、まずは、情報システムのモデルを考えるところから始めます。意外かもしれませんが、情報システムはコンピュータが必須というわけではありません。情報を扱うシステムであれば、それは情報システムといえるのです。

3.1.1　入力・処理・出力（＋フィードバックループ）

　図 3.1 は、情報システム（information system）のシンプルなモデルです。このモデルは、情報システムと人間のインタラクションを考えるうえで頭に入れておいたほうがよい考え方を、端的に示しています。

図 3.1　情報システムのモデル

　図の左側から、情報システムに対するなんらかの情報が入力（input）されます。その入力を受けて、システムによる処理（process）が行われます。処理された結果は、情報システムから出力（output）されて右側に出てきます。

　それだけであれば、単純な情報の流れを示すだけのモデルであり、あまり深く考える意義はありません。しかし、実際の情報処理はそれほど単純ではありません。

　この図の下に、右から左に向けて矢印が描かれており、その下に「フィードバック（feedback）」と記されています。これは何を表しているのでしょうか。

　情報システムに対してなんらかの情報を入力し、それが処理された結果を出力して確認、それで終わり、となるようなケースはきわめて稀です。実際には、処理された出力を見て、さらに新たな情報を入力して作業が進められるという状況のほうが一般的でしょう。

　Google や Yahoo! で情報検索を行う状況をイメージしてみましょう。最初に皆さんはどうしますか？　調べたいキーワードを検索窓に入れて、検索ボタンを押しますよね。それこそが、情報の「入力」に相当します。入力されたキーワードに従い、検索エンジンが検索「処理」を行い、その結果として候補のリストが「出力」されます。しかし、一発で満足する結果が得られることは稀なのではないでしょうか。

　どうも望ましい結果が出ないなというとき、皆さんはどうするでしょう。検索キーワードを変えて再検索しませんか？　それが、フィードバックループ（feedback loop）です。

3.1.2　機械的機構と人的機構

　この節の冒頭で、情報システムにはコンピュータが必須というわけでもないと述べました。「情報システム ＝ コンピュータ」ではないことは、しっかりと

理解しておきましょう。

　情報システム学会はそのウェブページ†において、学会による公式な見解ではないと断りつつ、佐藤敬による著作[3]からの転載という形で情報システムの定義を紹介しています。そのなかで佐藤は、浦等による以下のような定義を採用するとしています。

　　情報システムとは、組織体（または社会・個人）の活動に必要な情報の収集・蓄積・処理・伝達・利用にかかわる仕組みである。広義には、人的機構と機械的機構からなる。コンピュータを中心とする機械的機構を重視したとき、これを狭義の情報システムとよぶ。しかし、このときそれが置かれる組織の活動となじみのとれているものでなければならない。

　注目してほしいのは「広義には、人的機構と機械的機構からなる」という記述です。ここに紹介されている、人的機構と機械的機構とは何でしょうか。

　人的機構（human mechanism）とは、組織体および社会の仕組み、人間そのもの、実施手順、規則、制度、法律などです。一方の機械的機構（mechanical mechanism）は、第2章で概観したコンピュータのハードウェアやソフトウェアのほか、データベース、通信・伝送装置、保管・蓄積装置、記録媒体などを指します。

　図3.1に示した情報システムのモデルに再度、注目してみましょう。なんらかの検索を行う情報処理を、もう一度、イメージしてください。システムに検索キーワードを入力するのは皆さん、すなわち人間です。入力されたキーワードから検索を行い、関連する情報を提示する処理は、コンピュータ、すなわち

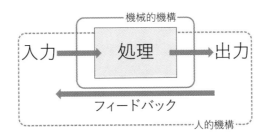

図 3.2　人的機構と機械的機構

---

†　https://www.issj.net/is/02/index.html

機械的機構が分担します。さらに、出力を受けて検索語を変えてみたり、何がしかのフィードバックを行い再入力したりという動作は、人間が行うものです。つまり、機械的機構の周りには必ず人的機構が存在するといえます（図 3.2）。

3.1.3　コンピュータによらない情報システム

　前項で紹介した定義では、「コンピュータを中心とする機械的機構を重視したとき、これを狭義の情報システムとよぶ」とされていました。それでは、広い意味での情報システムを考えたときに、機械的機構によらない情報システムというものもあり得るのでしょうか。

　ここで、江戸時代に思いを馳せてみることにします。かつて、飛脚というシステムが存在していました。遠方へ人力で手紙などを届けるサービスです。飛脚は江戸で書かれた手紙を持ち、およそ 2 週間かけて東海道を西へひた走り、上方に届けます。

　再び前項で紹介した定義を参照します。その定義の冒頭では「情報システムとは、組織体（または社会・個人）の活動に必要な情報の収集・蓄積・処理・伝達・利用にかかわる仕組みである」と宣言しています。飛脚という仕組みはどうでしょうか。飛脚は組織体または個人の活動に必要な情報（＝手紙）の伝達にかかわる仕組みです。つまり、飛脚は立派な情報システムといえます。

　飛脚は江戸時代の話です。一方、コンピュータが発明されたのは 20 世紀の半ばです。したがってここでいう機械的機構なるものはまだ登場していません。しかし、情報システムであることは間違いありません。すなわち、人的機構のみからなる情報システムもあり得るということなのです。

　さらに昔に遡れば、狼煙という情報伝達の仕組みも立派な情報システムです。組織体の活動に必要な情報の収集にかかわる仕組みに着目すれば、忍者や間諜、スパイによる諜報活動も情報システムと考えてよいかもしれません。これらはコンピュータが登場するはるか昔から行われていました。以上のように、「情報システム ＝ コンピュータ」ではないということは注意が必要です。

　しかし、コンピュータが発明されて以降、情報システムの高度化がきわめて速いスピードで進みました。コンピュータは情報処理を行う機械です。人的機構のみから構成されていた情報システムのうち、情報処理を行う中心的部分をコンピュータで効率的に実現しようという考えはきわめて自然なものです。

　機械的機構のない情報システムはあり得ますが、逆に、人的機構のない情

システムは（いまのところ）考えられません。なぜならば、情報システムとは人の社会活動のために存在するものだからです。「いまのところ」と断ったのは、将来、人工知能がもっと高度化すると、人工知能のための情報システムが現れるかもしれないからです。幸か不幸か、現在はまだそのような情報システムは現れていません。

　人的機構と機械的機構の接点には、人と機械とのインタフェース、すなわちヒューマン・マシンインタフェース（HMI, human-machine interface）[†]やユーザインタフェース（UI, user interface）が生まれます。サイバーフィジカルな社会では、それらのインタフェースが社会に溶け込み、曖昧な存在になっていくことでしょう。インタフェースの向こう側が、本当に人間なのか、それともシステムなのか、判断しにくい世界が現れようとしています。

3.1.4 システムとの対話

　ユーザインタフェースの話をもう少し深掘りしてみましょう。現在、コンピュータとの対話、あるいは、コンピュータの操作はグラフィックを多用したグラフィカルユーザインタフェース（GUI, graphical user interface）が一般的です。最近のディスプレイは解像度も高くなり、滑らかかつ美しい表現で情報を描画できるようになりました。

　しかし、古くから利用されているキャラクタユーザインタフェース（CUI, character user interface）やコマンドラインインタフェース（CLI, command-line interface）もいまだに活用されています。GUI のなかで端末エミュレータ（terminal emulator）とよばれるソフトウェアを動作させ、そのなかでコマンド文字列（command string）によるシステムとの対話を行います。

　GUI 全盛期に、なぜそのような旧態依然としたインタフェースが使われているのでしょうか。それは、GUI と CUI、いずれも一長一短の特性があり、GUI は CUI を完全に置き換えるものにはならないからです（表 3.1）。

　サイバーフィジカル社会では、さらに違う形のインタフェースが期待されています。自然なインタフェース、ナチュラルユーザインタフェース（NUI, natural user interface）とよばれる類のインタフェースです。

　代表的なものが、音声インタフェース（voice interface）です。音声インタ

[†]　マン・マシンインタフェース（MMI, man-machine interface）とよぶこともあります。

表 3.1　GUI と CUI の比較

	GUI	CUI
操作方法	具体的・直感的	抽象的
対象	初心者向け	中・上級者向け
処理の繰り返し	特別なソフトウェアが必要	容易（スクリプト処理など）
操作の自動化	特別なソフトウェアが必要	容易（スクリプト処理など）
リモート操作	適さない	適している

フェースはエージェントシステム（agent system）に組み込まれて普及しました。それ以外にも、ディクテーション機能（dictation function）によるテープ起こしや議事録作成などの用途でも活用が進んでいます。

　ディスプレイに直接触って情報を入力するタッチインタフェース（touch interface）も、スマートフォンやタブレットの普及とともに一般的になりました。

　将来、実現が期待されているものに、ジェスチャーインタフェース（gesture interface）や、脳と機械を直接結んで意思を伝えるブレイン・マシンインタフェース（BMI, brain-machine interface）があります。ただし、これらには疲労への対処や倫理的な問題に加えて、入力モードをどう切り換えるかという大きな問題が残されています。考えたことがダダ漏れになってしまうような BMI は、誰も望まないでしょう。

3.2　情報システムの 3 要素

　現代社会を支える情報システムを構成する、大きな三つの要素について理解を深めましょう。現在の情報システムの多くは、計算処理を進めるコンピュータそれ自身に加え、データを蓄積するデータベース、情報をやりとりするコンピュータネットワーク（通信ネットワーク）によって構成されています。

3.2.1　計算主体・情報の蓄積と通信

　現代的な情報システムの中心をなす存在はコンピュータです。しかし、コンピュータが独立して存在していたコンピュータの黎明期ならいざしらず、現在は、コンピュータ単独で情報システムを構成することは、ほぼありません。

　コンピュータが処理するデータの量は膨大なものになりました。いまはビッグデータ（big data）の時代といわれています。なお、ビッグデータとは、単にデータの量が多いだけではなく、多様なデータを即時に処理することが特徴とされており、データの量 (volume)、多様性 (variety)、即時のスピード (velocity) 処理という、それぞれの頭文字から 3V と表現されることがあります。

　いずれにしても、集めたデータはどこかに保存しておかなければなりません。しかも、ただ保存するだけではなく、後で活用するためには、扱いやすいように整理して保存しなければなりません。このような、データを整理して保存する装置はデータベースとよばれます。現代的な情報システムにデータベースは欠かせません。

　また、処理対象の情報や処理結果、あるいは計算途中のデータなどが、コンピュータネットワークを介してやりとりされます。サイバーフィジカルシステムでは、リアルワールドから取得したデータをサイバーワールドのコンピュータが処理するために、ネットワークを介して通信されることでしょう。また、コンピュータどうしがネットワークで協調して計算を進めることもあります。

　計算主体となるコンピュータ、データを蓄積するデータベース、情報をやりとりするネットワーク、これらが三位一体となって、現在の情報システムは構成されています（図 3.3）。

　3 要素のうち、コンピュータそのものの動作原理については、第 2 章で説明しました。この章の後半では、データベースとネットワークについて、少し掘り下げていきましょう。

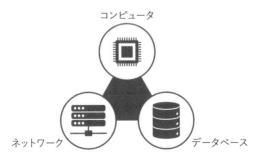

図 3.3　情報システムの 3 要素

3.2.2　データの部品化

この情報化社会において、データは無形の財産とみなせます。したがって、大量のデータをデータベースできちんと管理するという習慣はとても大切なことです。

ここでは、システムを設計するという観点から、データベースの重要性を考えてみましょう。あるアプリケーションがもつデータに、ほかのアプリケーションからアクセスする場合を取り上げます。

それぞれのアプリケーションは何でもよいのですが、たとえば、商品販売のアプリであるアプリケーション A と、顧客管理（CRM, customer relationship management）や会員向けサービスなどのその他のアプリを考えます。アプリケーション A は、商品を販売して管理するアプリなので、そのアプリが得たデータには、誰が買ったかという顧客情報も含まれています。

顧客管理アプリは、商品を販売するプロセスで得られた顧客情報を管理するアプリです。したがって顧客管理アプリは、当然アプリケーション A が集めたデータにアクセスする必要があります。同様に、会員向けサービスのアプリもその情報にアクセスしたいはずです[†]。

しかし、この方法にはいくつか問題があります。まず、図 3.4(a)のように、アプリケーション A をつねに起動しておかなければならないという問題です。また、アプリケーション A に、ほかのアプリとデータのやりとりをする機能を付与しなければならないという問題もあります。しかし、アプリケーション A は本来、商品の販売データを管理するためのアプリであって、ほかのアプリのためにデータを整理したり、データのやりとりを制御したりするためのアプ

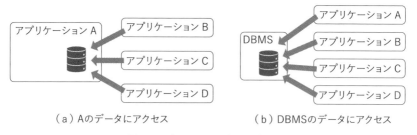

（ a ）A のデータにアクセス　　　　（ b ）DBMS のデータにアクセス

図 3.4　データの切り出しと部品化

[†]　お客様を会員として管理し、特別なサービスを提供する囲い込みは、よくあるビジネス戦略です。

リではありません。以上のようなことを考えると、アプリケーションAのデータにほかからアクセスするという方法は、少し無理がありそうです。

　そこで、アプリケーションAのデータを切り離し、部品化（componentized）してしまうことが考えられます。部品化されたデータは、図3.4（b）のように、データベース管理システム（DBMS, database management system）の管理下に置くことにします。

　このようにすれば、あらゆるアプリが顧客データに対して適切にアクセスできるようになります。DBMSがデータをきちんと管理するため、アクセス制御やバックアップなど、データに対する保守性（maintainability）も高まります。

3.2.3　コンピュータネットワーク

　「三人寄れば文殊の知恵」ということわざもあるように、何事も協力すれば、新たにできることが生まれます。コンピュータも例外ではなく、複数のコンピュータをつないでネットワークとすることで、さまざまなメリットが生まれました。これは、皆さんが日常的に使っているインターネットの便利さを考えても明らかでしょう。コンピュータネットワークの性能向上が、現在の情報化社会の発展を支えています。

　ネットワークの性能は、通信速度すなわち単位時間あたりにどれだけの情報を伝達できるかで評価します。通信速度の単位はbps（bit per second）で、これは1秒間あたり何ビット伝送できるかを表します。ビット（bit）とは2進数の桁のことで、binary digitを縮めてbitと表します†。コンピュータネットワークの黎明期には数百bpsだった通信速度も、いまでは数Gbpsが当たり前のようになりました。

　ネットワークの接続形態も大きく変化しています。当初は有線で接続するコンピュータネットワークしかありませんでした。イエローケーブル（yellow cable）とよばれる黄色い伝送線に、トランシーバ（transceiver）とよばれる機器を接続してネットワークを構成しました。現在でも有線による接続は廃れてはいませんが、TPケーブル（twisted-pair cable）とよばれる伝送線をルータ（router）やスイッチ（switch）などの機器に接続する形態が一般的です。

---

†　似たような単位にバイト（byte）があります。1バイトは8ビットです。厳密には8ビット以外で1バイトとすることもあり、厳密に8ビットを表現したいときはオクテット（octet）ということもあります。

また、無線による接続も当たり前になりました。Wi-Fi 規格に従った無線通信が一般的です。また、Bluetooth という近距離無線通信や、BLE（Bluetooth low energy）という低消費電力通信の規格もよく利用されるようになりました。さらには、スマートフォンやタブレットを中心に、4G や 5G といった広域無線通信網（wide-area wireless communication network）による通信も普及しています。

コンピュータネットワークの接続に関しては、そのトポロジー（topology）を考えることもあります。かつてはバス型やリング型といった接続形態も利用されていましたが、現在はスター型の接続が一般的です（図 3.5）。

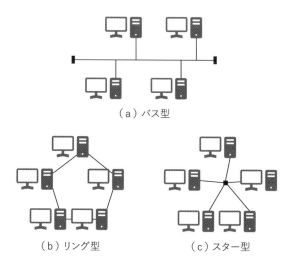

（a）バス型

（b）リング型　　　　　　　　　（c）スター型

図 3.5　ネットワークのトポロジー

3.2.4　身近な情報システムの構成

身近な情報システムの例として、自動払い戻し機（ATM, automatic teller machine）と POS システム（point-of-sales system）を考えてみましょう。

まずは、ATM です。最近はクレジットカード（credit card）や電子マネー（electronic money）が普及し、街角で現金を出し入れするという機会も少なくなりました。しかし、まだ現金が必要な状況もたまにあるので、財布のなかに、それなりに現金を入れておかねばなりません。

紙幣は、偽造されないよう高度な印刷技術を用いて作られていますので[†]、

---

†　簡単に偽造できてしまうと、貨幣システムそのものが崩れてしまいます。

ATM内部に印刷機を組み込んで、その場で印刷するというわけにはいきません。したがってATMは、本質的には預金の残高などの情報を処理する情報システム[†1]であるといえます。

利用者がATMを操作した情報は、専用のネットワークを介して銀行のデータセンターに送られます。データセンターでは利用者の預金残高や送金先の口座情報などの確認が行われます。処理した結果、齟齬がなければ手続きを確定して終了です。利用者が出金操作を行った場合は、ATM内部に一時的に確保されている現金から必要なだけを出金します。これらの現金は銀行の担当者が管理していますが、セキュリティ面からあまり大量の現金は保管されていないはずです。

セキュリティの観点から、これらの情報をやりとりするネットワークは専用のネットワークが利用されます。しかし、インターネットバンキングなどインターネット経由でも、部分的に情報のやりとりはできるようになっています。

次にPOSシステムです。POSシステムとは、その商品が、いつ、どこで、どれだけ、誰に販売されたかといった情報をPOSレジスターで収集し、製造から流通・販売までを効率的に管理するシステムです。

POSシステムとバーコード（barcode）の普及が、小売店での販売を劇的に変えました。POSレジスターで収集された情報は、バックエンドのデータセンターに送られ、販売状況が分析されます。どの商品がどこでどれだけ売れているかを分析できるので、売れている地域に重点的に配送して売上を伸ばすなどの工夫も可能です。天気予報と連動させて、雨が降りそうだから傘を用意しよう、というような戦略もとれるでしょう。

POSシステムの唯一の弱点が、「誰が買ったのか」がよくわからないというものでした。レジからお金を取り出すときに、年代・性別で分かれたボタンを押すことでキャッシュトレイが開くようになっていますが、アルバイト店員が適当に押していると、まったく意味がありません。電子的なポイントカード[†2]は、この部分を補うためのものです。

いずれにしても、身近な情報システムで、コンピュータ、データベース、ネットワークが有機的に活用されているということがわかるでしょう。

---

†1　もちろん、入出金するお札や小銭を数える部分も重要なシステムの一部ではありますが。
†2　つまり、ごくわずかなポイントと引き換えに個人情報を渡しているのです。

──── 3.3　データベース

　この節では、データベースの意義や構成について、もう少し掘り下げて説明します。現在使われているデータベースで主流となっているものは、リレーショナルデータベースとよばれるものです。その概念や操作方法を中心に紹介し、最後にさまざまな形態のデータベースも説明します。

3.3.1　データベースの機能

　データを部品化して、さまざまなソフトウェアから利用できるようにするものがデータベースだと説明しました。アプリケーションで利用される処理の方法は、その時々の事情に応じて変化します。いわば移ろいやすいものです。しかし、データは資産です。データベースに記録される中身、すなわち、データそのものはその都度変化するかもしれませんが、構成は安定していてあまり変化するものではありません。その性質に注目し、データの設計をシステム開発の中心とする、データ中心設計（data oriented approach）というシステム開発の方法もあります。

　データベースの利用で得られるメリットは、それだけではありません。

　データを部品化して多数のアプリケーションから利用できるようにしたときに、気になるのはアクセス権（access rights）です。しばしば、特定のユーザやアプリケーションからのみ、そのデータにアクセスできるようにしたいという要求[†]が起こるでしょう。たとえば、学生の成績に関するデータベースは、本人と教員のみがアクセスできるようにして、ほかの学生がアクセスできるようにすべきではありません。このようなニーズを満たすために、データベースには、きめ細やかなアクセス制御（access control）の機能が用意されています。

　また、複数のアプリケーションから同じデータに対して同時に書き込みがあったときに、不用意に同時アクセス（simultaneous access）を許してしまうと、データの整合性（consistency）が失われる可能性があります。そのような状況でデータに矛盾が生じてしまうことを、衝突（conflict）といい、システムの完全性（integrity）を保つには衝突の発生を避けなければなりません。通常、データベースには衝突を防ぐための排他制御（exclusive control）の機能が組

---

†　情報セキュリティにおける機密性（confidentiality）に関する要求です。

み込まれており、データの衝突が発生しないようになっています。

　さらに、偶発的な事故によるデータの喪失やデータベースの破壊を防ぐために、バックアップを取る機能や、バックアップから復帰する機能、データの整合性を保ちつつ更新する機能など、データベースは、データを保全して部品としての価値を維持するためのさまざまな機能を備えています。

3.3.2　テーブルと関係モデル

　現在、活用されているデータベースの主流は、リレーショナルデータベース、あるいは関係データベース（relational database）とよばれる種類のデータベースです。

　関係データベースでは、データを表形式で管理します。図 3.6 には、二つの表が示されています。上の表は、会員テーブルです。会員 ID、氏名、住所、電話番号という列（column）†が示されており、その下に具体的なデータが並んでいます。また、具体的なデータの一つひとつは、行（row）として示されます。下の表は、購買状況を示す購買テーブルです。誰が、どの商品を、どの注文処理で購入したか、それぞれが番号で管理されています。

　ここで、下の表から、どの商品をどこに送ればよいかを求めることができます。それは表を結合（join）するという操作で求めます。会員 ID で二つの表

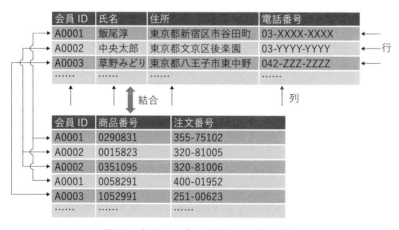

図 3.6　会員テーブルと購買テーブルの結合

---

†　フィールド（field）ともいいます。行はレコード（record）ともいいます。

を結合する処理は、二つの表に現れる同じ会員 ID は同じものであるという考えによって表をまとめる処理です。図の左側に、表のそれぞれの行についてどのような関係があるかを示しています。

　処理の結果、注文番号 355-75102 で購入された商品番号 0290831 の商品は、新宿区市谷田町の飯尾淳さんに送ればよいということがわかります。このほかに、商品テーブルもあるはずです。その商品テーブルには商品名やメーカーなどの情報が記載されているでしょう。在庫状況を示す在庫テーブルとも関連させる必要があるかもしれません。

　このように、関係データベースは多数の表を関係させてデータを管理するという特徴をもちます。

3.3.3　SQL 言語

　データベースの操作には、SQL[†]という問い合わせ言語（query language）が利用されます。代表的な SQL のコマンドを表 3.2 に示します。

表 3.2　代表的な SQL のコマンド

コマンド	意　味
CREATE	データベースや表を作成する
ALTER	データベースや表の定義を変更する
DROP	データベースや表を削除する
SELECT	表からデータを選択する
INSERT	表にデータを挿入する
UPDATE	表のデータを更新する
DELETE	表からデータを削除する
GRANT	データベース利用者に権限を与える

　データベースを利用するアプリケーションは、SQL を用いてデータベースを操作します。関係データベース管理システム（RDBMS, relational database management system）の実装によって細かな違いがありますが、基本的な考え方は、ほぼすべての関係データベースに共通しています。

---

　†　SQL は structured query language の略と説明されることもありますが、標準規格では「何かの略語ではない」とされています。

```
● ● ●                iiojun — sqlite3 demo.db — 80×16
$ sqlite3 demo.db
SQLite version 3.32.3 2020-06-18 14:16:19
Enter ".help" for usage hints.
sqlite> CREATE TABLE address (id integer primary key,
   ...> name text, tel text, email text);
sqlite> INSERT INTO address (name, tel, email)
   ...> VALUES ('Jun IIO', '03-1234-5678', 'iiojun@tamacc.chuo-u.ac.jp');
sqlite> INSERT INTO address (name, tel, email)
   ...> VALUES ('Taro CHUO', '03-5678-9999', 'taro@tamacc.chuo-u.ac.jp');
sqlite> SELECT * FROM address;
1|Jun IIO|03-1234-5678|iiojun@tamacc.chuo-u.ac.jp
2|Taro CHUO|03-5678-9999|taro@tamacc.chuo-u.ac.jp
sqlite> SELECT * FROM address WHERE name = 'Taro CHUO';
2|Taro CHUO|03-5678-9999|taro@tamacc.chuo-u.ac.jp
sqlite>
```

図 3.7　SQL の利用例

　図 3.7 は SQLite3 という RDBMS の利用例です。対話的にデータベースを
操作している様子がわかります。

3.3.4　その他の多様なデータベース

　現在よく利用されているデータベースは関係データベースですが、そのほか
にもさまざまな形式のデータベースがあります。

- グラフデータベース（graph database）：
  データの関係をグラフで示すことができるデータベースです。グラフと
  いっても、棒グラフや折れ線グラフといった、統計データの可視化に使う
  ものではありません[1]。路線図のように、点と線、ノード（node）とエッ
  ジ（edge）でデータのつながりを表現するものです。データ間の関係を
  扱うという点は関係データベースと同じですが、グラフという図形的手法
  を用いて、より直接的にデータの関係性を表現できます。また、地点間の
  最短経路を求めるなどの、より複雑な問題を取り扱うことも可能です[2]。
- キーバリュー型データベース（key-value database）：
  連想配列（associative array）に代表される、キーと値のペア（key-value
  pair）によってデータを取り扱うデータベースです。キーを指定すると、対
  応した値が得られるという非常にシンプルなものですが、シンプルである
  がゆえに高速に動作します。また、プログラムの内部では連想配列が活用

---

[1]　これらのグラフは通常、英語では chart(チャート) とよばれます。
[2]　これは、それぞれのデータベースの基になっている数学理論が違うためです。グラフデータ
　　ベースはグラフ理論（graph theory）に基づいており、関係データベースは集合論（set
　　theory）に基づいています。

されることも多いため、使い勝手のよい形式のデータベースともいえます。

● オブジェクト指向データベース（object-oriented database）：

最近のプログラミング言語がオブジェクト指向型であることに合わせたデータベースです。プログラムで扱うデータを、オブジェクトとしてそのまま格納できるようになっています。

また、データを表現する記述法として、XML（Extensible Markup Language）や JSON（JavaScript Object Notation）とよばれる形式があります。XML や JSON で記述されたデータをそのまま格納する XML データベース、JSON データベースなども提案されています。これらは、文書を格納することに特化したドキュメント指向データベース（document oriented database）とも考えられます。XML や JSON 以外の文書を管理するデータベースもあり、文書データを管理するための機能として、全文検索（full-text search）の機能を強化したものもあります。

関係データベースのようにテーブル形式でデータを管理するもののなかでも、大量データを効率よく扱うためのカラム指向データベース（column-oriented database）というものが存在します。カラム指向データベースでは、表中の列に特化した操作を効率よく行うことができるよう設計されており、通常の関係データベースでは処理できないような大量のデータもさばけるようになっています。

これらの多様な特徴をもつデータベースは、SQL で操作する関係データベース「ではない」という観点から、まとめて NoSQL と称されることもあります。

3.4　ネットワーク

次はコンピュータネットワークです。ネットワークの基本的な仕組みであるパケット通信について説明し、現在、世界的なコンピュータネットワークに成長したインターネットについて解説します。さらに、ネットワークを介してどのように通信が行われるのかについて触れ、階層的なモデルで考える概念の基本を紹介します。

3.4.1　パケット通信

　現在のコンピュータネットワークにおける基本的な仕組みは、パケット通信とよばれる通信方式が主流です。以前のアナログ電話は、図3.8(a)のような回線交換方式（circuit-switching methods）とよばれる方式でお互いの電話端末を接続していました。初期の電話は、電話局で交換手が回線を手動でつなぎかえることで通信を実現していました。この方法は単純で、簡単に実現でき、さらに回線を占有するために通信品質を高められるというメリットがあります。

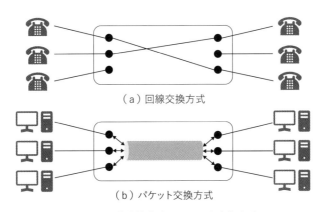

（a）回線交換方式

（b）パケット交換方式

図3.8　回線交換方式とパケット交換方式

　一方、通信量が多くなると、輻輳（congestion）の問題が発生します。接続可能な回線数が足りなくなり、接続できない端末が出てくるデメリットが目立つようになります。

　現在のIP電話（IP-telephony）やコンピュータネットワークにおける通信は、図3.8(b)のようなパケット交換方式（packet-switching methods）が利用されています。これは、それぞれの通信メッセージをパケット（packet）とよばれる小さなデータの単位に分割し、通信路上を混在させて送る方法です。この方式は、パケットへの分割と組み立てがコンピュータで簡単に実現できるようになったため普及しました。パケット交換方式は通信路を効率的に使えるので、輻輳が起こりにくいというメリットがあります。

3.4.2　LANとインターネット

　現在、地球規模のコンピュータネットワークとしてさまざまな用途で活用さ

れているインターネット（the internet）の起源は、1960 年代後半に遡ります。
当時、米国の計算機科学者たちが、コンピュータによる通信を研究するための
ネットワークとして ARPANET（advanced research projects agency network）
を構築しました。これが、パケット交換方式で通信を実現した最初のネットワー
クだとされています。

　その後、ARPANET は世界中に拡がりました。ただし、しばらくはコンピュー
タ科学者や情報工学の研究者が研究用途のみに用いており、商業的には、パソ
コン通信など別の通信形態が使われていました。

　1990 年代前半に、インターネットの商用利用が解禁され、ちょうどコン
ピュータがコモディティ化したことと相まって、その普及が爆発的に進み、現
在に至っています。その過程で、インターネットを利用した多様なビジネスが
起こり、GAFA（Google, Amazon, Facebook, Apple）などの巨大なインターネッ
ト企業が生まれています。

　ビジネスの話はさておき、技術的には、インターネットは小さなネットワー
クの集合体として考えることができます。コンピュータネットワークの最小単
位[†]は、ローカルエリアネットワーク（LAN, local-area network）です。

　LAN に接続されたコンピュータどうしは、直接に通信できます。そのよう
なコンピュータが、インターネット上にある、たとえば地球の裏側にあるよう
なサーバとどうやって通信を実現するのでしょうか。

　通常の LAN には、いわばそのネットワークの出入り口になる、ルータ（router）
とよばれる通信機器が接続されています。ルータの先は、ほかのネットワーク
につながっています。

　たとえば、家庭に置かれているルータは、インターネットサービスプロバイ
ダ（ISP, internet service provider）につなげられています。ISP どうしは、相
互接続点（IX, internet exchange）とよばれる施設で結ばれています。さらに、
場合によっては海底ケーブルを介して国境をまたいだ通信もできるようになっ
ています。

　規模の差こそあれ、抽象化して考えると、インターネットは個別の LAN が
相互に接続されたものと考えることができるでしょう。このような接続を介し

[†]　なお、さらに小さなネットワークである PAN（personal area network）を考えることもあります。
　　これは Bluetooth など個人規模の通信を介したコンピュータネットワークを指しています。

て、インターネット上をデータのパケットがバケツリレー方式で送信されます。その結果、世界中のあらゆる地点と通信できるようになっているのです。

3.4.3　プロトコル

コンピュータどうしの通信は、プロトコル（protocol）とよばれる約束事をお互いに守ることによって実現されています。ただやみくもにデータの送信を繰り返したところで、そのデータが何を意味するのかを受け取り手が理解できなければ、通信は成り立ちません。

プロトコルとは、複数の主体が情報を交換したり共同作業をしたりするときに重要な役割を担う、決め事のことです。わかりやすい例として、「じゃんけんのプロトコル」で説明しましょう。

じゃんけんのやり方を書き出してみます。

- 拍子を合わせて「じゃんけんぽん」といいながら、手を前に差し出す。
- 差し出したときの手の形は、すべての指を曲げ握りしめる（「グー」という）、人差し指と中指のみ伸ばし、他は曲げる（「チョキ」という）、すべての指を伸ばして手を開いた状態にする（「パー」という）の3通りから選ぶ。それ以外の形を出してはいけない。
- 形の組み合わせで勝敗を決定する。グーはチョキに勝ち、チョキはパーに勝ち、パーはグーに勝つ。なお、グー、チョキ、パーのどれか1種類しか出ないか、すべてが出揃ったときは勝敗がつかない（「あいこ」という）ものとする。
- あいこになったときは、拍子を合わせて「あいこでしょ」といいながら、じゃんけんの操作を繰り返す。決着がつくまで「あいこでしょ」を繰り返す。

これで過不足ないでしょうか。これが「じゃんけんのプロトコル」です。このプロトコルを全員が理解して守ることで、じゃんけんというゲームが成立します。

表3.3 に、コンピュータネットワークで用いられるプロトコルの例を示します。これは氷山の一角にすぎません。世の中では多種多様なプロトコルが提案され、実際に利用されています。

表 3.3　さまざまなプロトコルの例

名　　称	意味と用途
HTTP	Hyper-Text Transfer Protocol/WWW
SMTP	Simple Mail Transfer Protocol/メールの送信
POP3	Post Office Protocol 3 / 受信したメールへのアクセス
IMAP4	Internet Message Access Protocol 4/受信したメールへのアクセス
SSH	Secure Shell/リモートのサービスへのアクセス
SSL	Secure Socket Layer/暗号化されたデータ通信
ARP	Address Resolution Protocol/アドレス解決
IEEE 802.11	無線通信（Wi-Fi）の各種の通信方法[†]

3.4.4　OSI 参照モデルと TCP/IP 4 階層モデル

　ところで、先に示したプロトコルの例（表 3.3）には、いろいろなレベルの
プロトコルが混在していました。物理的な通信手段に近いレベル、すなわち周
波数特性（frequency characteristic）はどうかというような物理特性を考慮す
るレベルのプロトコルから、論理的なレベル、アプリケーションレベルのプロ
トコルまで、さまざまな種類のプロトコルが並べられています。

　これらのプロトコルを層（レイヤー、layer）で捉える考え方が、プロトコ
ルスタック（protocol stack）です。また、そのプロトコルスタックを具体的
な例として整理したものの一つに、OSI 参照モデル（OSI reference model、
OSI の 7 層モデル）があります（表 3.4）。

　プロトコルを階層で整理して考えることには大きな意味があります。上の層
のプロトコルで示される通信処理を実装する際には、直下の層で定義されるプ
ロトコルを利用することを考えるだけでよいのです。つまり、アプリケーショ
ン層のプロトコルで通信する処理を実装するときに、物理的な接続方法や電気
的特性を考える必要はありません。セッションを管理するソフトウェアを実装
しようとするときは、とりあえずエラー処理などをしてくれる直下のプロトコ
ルによる通信を実現する処理だけを前提に実装すればよいのです。

　インターネットの世界はもう少し単純化されていて、下から順に、ネットワー
クインタフェース層、インターネット層、トランスポート層、アプリケーショ

　[†]　実際には多様な方式があり、802.11ax など、後ろに記号をつけて区別されます。

表 3.4　OSI 参照モデル

レイヤー	説　明
アプリケーション層	アプリケーションレベルの通信規約を規定
プレゼンテーション層	データの表現方法（プレゼンテーション）を規定
セッション層	通信プログラムにおける一連の通信（セッション）を規定
トランスポート層	端点から端点までの通信管理方法（エラー処理など）を規定
ネットワーク層	経路選択（ルーティング）や論理アドレスの特定を規定
データリンク層	直接接続されている機器間の通信方法を規定
物理層	物理的な接続方法や電気的特性などを規定

ン層の 4 階層です。インターネット層の代表的なプロトコルが IP（internet protocol）で、トランスポート層の代表的なプロトコルが TCP（transmission control protocol）† です。

　IP は、経路制御やルーティングを行います。IP のプロトコルにより、複雑なインターネット上における通信の端点と端点が定まります。その仮想的な通信路の上で、アプリケーション間の通信セッション（communication session）を TCP で管理します。そのような仮想的なセッションを介して、HTTP や SMTP などのアプリケーションレベルのプロトコルによる通信が行われるのです。

―――――――――――――――――――――――――――――― 第 3 章のまとめ

　　情報システムのモデルについて考えるところから、この章は始まりました。情報システムはコンピュータそのものと思われがちですが、コンピュータを使わない情報システムも十分に考えられるということは驚いたかもしれません。入力した情報を、なんらかの方法をもって処理（蓄積・伝送などを含む）し、その結果を出力する、情報システムはそのような単純なモデルで記述されますが、それらが組み合わさって動作することにより複雑なシステムが構成されます。人間一人ひとりが人的機構による情報システムだと考えれば、それらの組み合わせによって社会が構成されていると考えることもできるでしょう。そう考えれば、社会が複雑であることももっともだと理解できるはずです。

　　この章ではさらに、情報システムの 3 要素について考えました。第 2 章でも

――――――――――――――――――――――

† 　TCP を簡素化した UDP（user datagram protocol）もよく利用されます。

学んだ情報処理の計算主体であるコンピュータと、情報を蓄積しシステムの部品として使えるようにするためのデータベース、それらの間で情報を適切にやりとりするためのネットワークです。

　現在利用されているデータベースは関係データベースが主流ですが、それ以外にもいろいろな種類のデータベースがあることも学びました。また、関係データベースは表の関係性を考慮しつつデータを管理すること、SQL とよばれる言語で操作することも説明しました。

　コンピュータネットワークはパケット通信によるデータのやりとりが基本です。また、インターネットは LAN がいくつも接続されたものと考えることができます。そのようなネットワークが地球規模のネットワークを実現していると考えれば、それはとても凄いことだと思いませんか？　そして最後にプロトコルという考え方と、プロトコルは階層的に捉えられることに触れました。これらの仕組みをうまく使い、コンピュータは情報のやりとりを行っているのです。

―――――――――――――――――――――― この章で学んだこと ―

- 情報システムとは何か、そのモデルはどのようなものか
- 情報システムの主要な 3 要素は、コンピュータ、データベース、ネットワークであること
- データベースの基本的な概念や種類、特徴など
- コンピュータネットワークの原理とプロトコルという考え方

サイバーフィジカル社会を支える
情報システム

この章では、サイバーフィジカルシステムのなかでもサイバー空間での情報処理に焦点を当てて、その根幹となるメカニズムを見ていくことにしましょう。

コンピュータネットワークにおける情報のやりとりには、一定のパターンがあります。代表的な方式が、処理内容をサービスとしてサーバが提供し、不特定多数のコンピュータがクライアントという立場で接続、サービスを要求するという、クライアント・サーバシステムです。

また、現代の情報処理サービスは、しばしば Web アプリケーションという形態で提供されます。ここではローカルアプリと Web アプリの違い、Web アプリの基本的な構成である 3 層アプリケーションという概念について説明し、そのメリットや課題について考えます。

さらに、コンピュータのハードウェア性能が格段に向上したことから、1台の物理マシンのなかで何台もの仮想マシンを動かすという環境が一般的になりました。その延長線上としてクラウドコンピューティングの考え方が提案され、普及しています。その概念についても説明し、サイバーフィジカル社会でどのような活用がなされているのかを紹介します。

4.1 クライアント・サーバシステム

この節では、現在のコンピュータネットワークにおける通信セッションで一般的な方法である、クライアント・サーバシステムについて説明します。サーバやクライアントとは何か、それぞれがどのような動作をするのかについて解説します。なお、最後では、クライアント・サーバシステムではない通信モデルについても紹介します。

4.1.1 メインフレームから分散処理へ

かつて、コンピュータがまださほど一般的ではなかった頃は、メインフレー

ム（mainframe）とよばれる大きなコンピュータに、端末（terminal）が多数
ぶら下がって利用されていました。これらの端末は、キーボードやディスプレ
イなどの入出力装置程度しか備えておらず、ほとんどの仕事（task）はメイン
フレーム側で処理される仕組みになっていました。これは、端末側で仕事を処
理しようとすると、端末自体も高価で巨大なコンピュータになってしまい、非
経済的・非効率的だったためです。

　さて、時代の流れとともに、コンピュータのダウンサイジング（down sizing）
が進みます（図 4.1）。ダウンサイジングとは、文字どおり、サイズが小さくなっ
ていったことを指します。メインフレームからオフィスコンピュータ（オフコ
ン、office computer）、ミニコンピュータ（ミニコン、mini computer）といっ
た名前の、机の脇に設置して利用できるものへとコンピュータは小型化してい
きました。技術者が使うコンピュータはワークステーション（workstation）
とよばれ、やはり机の上に設置して使えるようになりました[†]。

　ダウンサイジングの流れと対照的に、マイクロコンピュータ（マイコン、
micro computer）の性能が指数関数的に向上し、パーソナルコンピュータ（パ
ソコン、personal computer）となり普及しました。いまではミニコンやワー

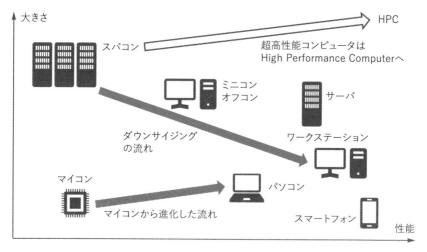

図 4.1　コンピュータのダウンサイジングと性能の進化

[†]　私の学生時代は、ワークステーションに接続したパソコンを、それぞれが利用する端末として
　　利用していました。ワークステーション自体が高価だったため、1 台のワークステーションを
　　複数の学生が利用するという状況だったのです。

クステーションとパソコンの垣根は消え、個人で高性能なコンピュータを自在に利用できる時代になっています。実際のところ、スマートフォンは携帯電話というよりむしろ携帯コンピュータであり、内部には最先端の CPU が組み込まれています。まさに、超高性能コンピュータをポケットのなかに入れて持ち歩く時代になっているのです。

このように、ダウンサイジングの結果、コンピュータは小さく、安価で、しかしとても高性能になりました。すると、以前のようにすべて 1 箇所にまとめて集中的に処理するよりも、端末側でそれぞれ処理を行い、必要に応じてデータをやりとりするほうが、むしろ効率的になってきます。こうして、現在ではネットワークを介した分散処理が一般的になりました。また、それに合わせてコンピュータネットワークの技術も進化してきています。

4.1.2 サーバとクライアント

インターネットで利用されている多くの通信モデルは、これから説明するクライアント・サーバシステム（client-server system）です。これは、サーバ（server）が提供するサービス（service）を、不特定多数のクライアント（client）が利用するという形式で通信を行うものです。

具体的な例で考えてみましょう。インターネットの検索エンジンを利用してなんらかの検索を行う状況をイメージしてください。皆さんが使うソフトウェアは Web ブラウザとよばれるソフトウェアです。このソフトウェアがクライアントの役割を担います。サーバから見ると、それらのソフトウェアはサービスを受け取るクライアントという位置づけですが、その手前にはユーザ（user）すなわち操作者である皆さん自身が置かれています。ということは、クライアントはユーザとサーバの間をつなぐインタフェース（interface）を提供するものであるとも考えられます。

さて、ユーザから与えられた情報を、クライアントはサーバに伝えます。この例では、検索のカギとなるキーワードやキーフレーズが、サーバに渡される情報です。クライアントからサーバに送信する通信内容のことを、リクエスト（request）といいます。クライアント・サーバシステムの一連の処理は、クライアントからのリクエストで始まります。

リクエストを受け取ったサーバは、リクエストに応じた処理を行います。この例でいえば、与えられたキーワードやキーフレーズを含むページのリストを

作成する処理が、インターネット検索エンジンの主要な情報処理です。

　処理の結果は、クライアントに送り返されます。返送される情報のことをレスポンス（response）といいます。すなわち、サーバの処理は、図 4.2 のように、「① クライアントからリクエストを受け取り、② 受け取ったリクエスト内容に応じてなんらかの処理を実施、③ その結果をレスポンスとして返す」というものです。サーバからのレスポンスを受け取ったクライアントは、その内容を画面に表示することでユーザに示します。ユーザはそれを確認し、一連の処理が終わります。

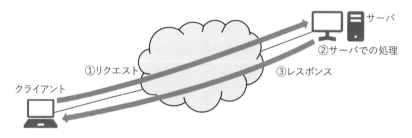

図 4.2　リクエスト・レスポンス型の通信処理

　インターネット検索の例では、クライアント側の末端にユーザがいました。したがって、ユーザ → クライアント（ソフトウェア）→ サーバ → クライアント → ユーザという流れで処理が行われたということです。ただし、サイバーフィジカルシステムの場合は、末端が人間とは限りません。クライアントを介してサーバにリクエストを送るのは、現実世界から自動的にデータを収集するセンサなどであるかもしれません。また、サーバからのレスポンスを最終的に受け取るのは、レスポンスの内容に応じて外界へのはたらきかけを行うアクチュエータなどであるかもしれません。

　なお、多くの場合は、これらのやりとりが何度も繰り返されて、全体としての情報処理を進めます。そのような一連のやりとりのことをセッション（session）といいます。セッションの管理をどうするかも、クライアント・サーバシステムの検討事項の一つです。

4.1.3　サーバの動作

　通常、サーバは不特定多数のクライアントからリクエストを受けつけます。

インターネット上のクライアント・サーバシステムの場合、サーバの場所を特定するためには IP アドレス（IP address）が使われます。さらに、そのサーバが提供するサービスを特定するために、ポート番号（port number）を指定します。

慣習的に、どのサービスはどのポート番号を開けて待っている、というサービスとポート番号の対応関係が定められています。たとえば、WWW（world wide web）のサービスは 80 番ポート、SSH（secure shell）は 443 番ポートといった具合です。これらの、各サービスに紐づけられたポート番号のことをウェルノウンポート（well-known port）といいます。

そのポート番号にアクセスしてきた通信をキャッチし、サーバがクライアントからのリクエストを受け取ると、サーバ内部で適切な処理をするソフトウェアにリクエストを渡します。処理を担当するソフトウェアは、リクエスト内容に従った計算を行います。ここで、サーバは処理を渡したらすぐに待ち受け状態に戻らなければなりません。なぜならば、不特定多数からのリクエストを受けつけるというその特性上、一つのリクエストにだけかまけているわけにはいかないからです（図 4.3）。

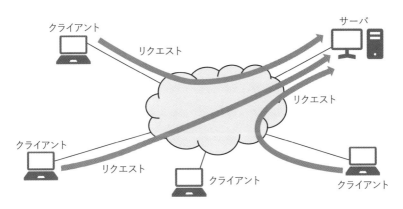

図 4.3 不特定多数のクライアントからのリクエスト

もし、リクエストされたサービス内容が、その処理に時間がかかる高負荷なものだとしたら、それはリクエストの受付処理とは切り離して実施しなければなりません。どんなリクエストでも、処理が終わってから次のリクエストを受けつけるようになっていたら、不都合が生じます。時間のかかる処理を行ってい

る間に別のクライアントから届いたリクエストは、たとえそれが特段に時間の
かかるものではなかったとしても、前の処理が終わるまで待たされることに
なってしまいます。

4.1.4　その他のシステム

　ここまでは一般的な通信モデルであるクライアント・サーバシステムを紹介
しましたが、インターネットで利用されている通信モデルはほかにもあります。
クライアント・サーバ型ではない通信モデル、あるいは通信ネットワークのモ
デルに、ピア・トゥ・ピアシステム（P2P システム、peer-to-peer system）が
あります（図 4.4）。両者の大きな違いは、通信における主従関係の有無です。

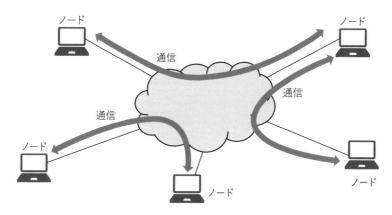

図 4.4　P2P の通信モデル

　クライアント・サーバシステムには、明確な主従関係があります。すなわち、
サーバにぶら下がるクライアントという関係です。どちらが主でどちらが従な
のかは、見方によって変わるでしょう。クライアントの依頼（リクエスト）に
従ってサービスをレスポンスとして返すという観点で考えれば、依頼主である
クライアントが主で、粛々と仕事をこなしてサービスを提供するサーバが従で
あるといえなくもありません。

　対して、P2P システムは、基本的には通信ノード間に主従関係がありません。
お互い対等な関係です。

　クライアント・サーバシステムは、クライアントとサーバの間にセッション
は発生しますが、あるクライアントがほかのクライアントと直接通信すること

はありません†1。クライアントどうしが通信を行う際には、サーバを経由して情報のやりとりをします。そのため、サーバに対して同時に接続しているクライアントの数が増えると、サーバの負荷が急激に高まってしまうという問題が発生します。一方、P2P システムであればサーバを経由せず直接に末端ノード間での通信を行うので、特定のコンピュータのみに負荷がかかるということはありません。

　P2P のシステムは、特定のサーバに負荷をかけることがなく情報交換を可能にするという点で、高いスケーラビリティ（scalability）や柔軟なネットワーク（flexible network）を実現できるなど、優れたアイデアです。しかし、残念なことに、特定のサーバに情報が蓄積されないという特徴を悪用して、ファイルの違法な共有†2 を助長するような使われ方がされてしまいました。技術に責任はありませんが、使い方は十分に注意しなければなりません。新しい技術が現れたときには、社会的な規範や法律の整備、あるいは倫理的な注意喚起なども併せて考えなければならないことを示す好例といえるでしょう。

4.2　Web アプリケーション

　ティム・バーナーズ＝リー（Timothy John Berners-Lee）が提唱した WWW の仕組みは、もはや我々の日常の一部となりました。そして、その枠組みの上で動作するさまざまな Web アプリケーションが実装され、多様なサービスが提供されています。ここでは、その Web アプリケーションの基本について解説します。

4.2.1　ローカルアプリと Web アプリ
　アプリケーションソフトウェア（application software）は応用ソフトウェアともいわれ、なんらかの計算、情報処理、あるいはサービスの提供を実現する

---

†1　TV 会議システムなどでは、クライアントどうしが動画や音声のやりとりをしているように見えますが、最初に接続を確立するためにはサーバに接続しなければなりません。また、接続後もサーバを経由してそれぞれのクライアントの情報を共有しているのであれば、クライアント・サーバシステムの枠組みからあまり外れていないといえます。

†2　著作権を侵害するようなファイル共有、すなわち、映画や楽曲の違法な共有が行われたり、その他の問題のある情報の共有がなされたり、さらにはコンピュータウイルス（computer virus）のばら撒きなどに悪用されたりしました。

ソフトウェアです。ワードプロセッサはきれいな文書を作成するために利用され、表計算ソフトは多くの数値データを集計して整理するため[†]に利用されます。

　これらのアプリケーションは、皆さんが使っているコンピュータの内部で完結して動作します。プログラムはすべて手元のストレージ（storage）に格納され、ネットワークに接続されていなくても単独（スタンドアロン、stand alone）で動作します。これらは手元の環境で動作するので、ローカルアプリケーション（local application）とよぶことにしましょう。

　他方、Web アプリケーション（web application）は、ネットワークの向こう側にあるサーバで動作します。ユーザとのインタフェースを司るのは Web ブラウザです。ユーザからは、Web ブラウザのなかでアプリケーションが動作しているように見えます。しかし、主要な情報処理はサーバ側で行われます。したがって、本質的にはネットワークに接続した状態でなければ利用できません（図 4.5）。

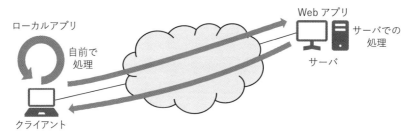

図 4.5　ローカルアプリと Web アプリの比較

　かつて Web アプリケーションは、ユーザインタフェースの表現力不足が欠点として指摘されていました。しかし、画面を記述する HTML（HyperText Markup Language）や CSS（Cascading Style Sheet）の精緻化・高機能化と、それに呼応した Web ブラウザ実装の進化により、Web アプリもローカルアプリに引けを取らないユーザインタフェースを提供できるようになりました。さらに、後述する Web アプリならではのメリットが認められ、現在ではさまざ

---

†　日本の産業界には表計算ソフトを文書作成に用いる悪しき習慣が蔓延っていますが、表計算ソフトの本質は「表」形式で表現された数値データを「計算」することにあります。適切な使い方をすべきです。

まなアプリケーションが Web アプリ化しています。

　もちろん、ローカルアプリはローカルアプリで、まだまだ存在意義はあるので、アプリケーションの性質や処理対象のデータの種類などに合わせて使い分けがなされていくようになるでしょう。

4.2.2　3層アプリケーション

　Web アプリケーションの典型的なアーキテクチャは、3層アプリケーション（three tiers application）とよばれる形式で構成されています。三つの層は、表 4.1 に示すそれぞれの層からなります。

表 4.1　3層アプリケーションの構成

層	説　明
プレゼンテーション層	アプリケーションの表現部分、ユーザ（クライアント）とのインタフェースを担当する
アプリケーション層	アプリケーションの主要部分、アルゴリズムの主要なロジック部分を担当する
データベース層	アプリケーションで利用するデータを格納するデータベースとのインタフェース部分を担当する

　プレゼンテーション層は、Web サーバ（web server）がその役割を担います。クライアントからのリクエストを受け取り、その内容を解釈します。場合によっては、Web ブラウザやクライアント側のソフトウェアもプレゼンテーション層に含めて考えることもあります。

　アプリケーション層は、受け取ったリクエストに従って実際の情報処理を行う部分です。アプリケーションサーバ（application server）が、ビジネスロジック（business logic）を実現します。必要に応じてデータベース層にアクセスし、データベースにデータを保管したりデータベースからデータを引き出したりします。

　データベース層は、データベースとのやりとりを担当し、データの整合性（consistency）を保ちつつデータを維持する役割を担います。一般的には、データベース管理システム（DBMS）が担当します。

　3層アプリケーションの各層は、必ずしも一つのコンピュータ内部で動作させなければならないということはありません。それどころか、個別のコンピュー

タで動作させて、サーバ間をネットワークで結ぶことで、一つの大きなサーバ群として扱うことも行われます。

　各層を独立させて運用することにはいくつかのメリットがあります。アプリケーションの種類によっては、データのやりとりに負荷がかかったり、アプリケーションのロジック部分の処理に負荷がかかったりと、負荷のかかり方が異なることがあります。そのようなときに、各層を独立した実装にしておけば、負荷のかかる部分を複数台構成にして、比較的容易に負荷分散させられるのです。

　また、データベースの種類を入れ替えたり、アプリケーションのロジックをアップデートしたりすることも容易に実現できます。モジュールの独立性を高めた設計にするというアイデアは、3 層アプリケーションに限らずシステムの柔軟性（flexibility）や頑健性（robustness）を保つためにも、重要な考え方です。

4.2.3　Web アプリケーションのメリット

　ローカルアプリではなく Web アプリとしてアプリケーションを実装するメリットはどのようなものでしょうか。一つは、ローカル側の計算資源は潤沢なものではなくてもよいというメリットです。Chromebook のようなシンプルな端末でも、Web アプリをほぼストレスなく利用できるはずです。なぜならば、Web アプリの処理のうち負荷のかかるようなロジック部分は、サーバ側で実行[†]するからです。

　また、Web アプリが利用するデータをサーバ側で一元管理できることも大きなメリットです。データがそれぞれのクライアントに分散しないので、CSCW（computer supported collaborative work）とよばれる共同作業もしやすくなります。ファイルの共有や共同編集で、遠隔地にいながら同じ環境で作業ができるので、生産性も向上することが期待できるでしょう。

　開発者にとっては、ローカル側のプラットフォーム（platform）を問わずアプリケーションを実装できるというメリットもあります。互換性（interoperability）の確保に頭を悩ます必要はありません。プラットフォームやオペレーティングシステムの違いを考慮して、それぞれに合わせた開発体制を整えるのはなかな

[†]　AJAX（Asynchronous JavaScript And XML）技術のような、クライアントとサーバが連携して情報処理を行うものもありますが、そのような場合でも、クライアント側で重たい処理は行わないような実装とすることが普通です。

か大変です。Web アプリであれば、そのような違いは Web ブラウザが吸収してくれます。以前はブラウザの種類によって実装がバラバラで、ブラウザの互換性には注意する必要がありましたが、現在はあまりその点を意識しないでよくなっています。

さらに、アプリのアップデートの手間が省けるというメリットもあります。バグの修正や機能追加でアップデートが必要となる状況はしばしば発生します。ローカルで動作するアプリケーションであれば、アップデートされた新しいバージョンへの更新をユーザにお願いしなければなりませんでした。あるいは、セキュリティパッチの配布や自動アップデートの仕組みを使って、定期的な更新を行う必要がありました。

しかし Web アプリケーションであれば、サーバに実装されているロジックをこっそりアップデートしてしまえばそれで OK です。皆さんも、ある日少し画面が変わっていたり、動作が変わっていたりして、「あれ？」と思った経験はありませんか。サーバ側でアップデートが行われ、気づいたときにはバグ修正や機能追加が行われているのです。これは、アップデートに気を使わなくてよいという点で、ユーザ側も享受できるメリットです。

また、サーバをローカルに実装してしまえば、Web アプリでありながらローカルアプリと同様に利用することもできるので、初めから Web アプリとして実装することにも意味はあります。

4.2.4 Web アプリの課題と展開

Web アプリケーションが抱える課題は何でしょうか？　まず、アプリケーションの処理をネットワークの向こう側にあるサーバで行うので、ローカルアプリのように複雑なユーザインタフェースを提供できないという問題があります。

ただし、この問題は HTML や CSS が高度化され、動画や画像の表示、あるいは Web ブラウザ上で動くグラフィクスライブラリ（graphics library）の充実など、多様な表現ができるようになった現在では、かなり解決してきました。また、それまで画面の遷移とリクエスト・レスポンスのやりとりを同期させなければならず、通信のレイテンシ（latency）[†]が大きいと画面遷移のターンア

[†] 遅延時間のことです。ここでは、リクエストを送信してからレスポンスが返ってくるまでにかかる時間をいいます。

ラウンドタイム（turnaround time）が長く、アプリの動作がもっさりとした印象になるという問題がありました。しかしこれも、ページ遷移を伴わずに裏で非同期に通信を行うことによって、必要な部分だけページを書き換えるAJAX の技術により解決されています。

また、根本的な問題としては、基本的に Web アプリはネットワークに接続していないと使えないということがあります。これは、アプリケーションの本質的な情報処理をサーバで行うという性質から、当たり前の制約です。非力な環境からでもリッチな情報処理ができるという Web アプリの特徴は、モバイルデバイスで使うのに最適ですが、いつでもどこでも十分なネットワーク環境が整備されているとは限りません。これは、いつでもどこでも使えるのがメリットであるモバイルデバイスにとっては、本末転倒ともいえる問題です。

この問題に対するアプローチの一つとして、プログレッシブウェブアプリ（PWA, progressive web apps）という技術が提案されています。これは、Webアプリをローカルアプリのようにデバイスにインストールして利用する技術です。とくにスマートフォンのような環境で利用されることを想定しているので、スマホ向けネイティブアプリ（native application）としばしば比較されます。

PWA として実装された Web アプリは、ネイティブアプリと同様にインストールされ、ネットワークに接続されていない状況でも、制限つき†ながらある程度の機能を利用可能です。Web アプリとローカルアプリのいいとこ取りのようなこの技術が、今後、普及していくことになるかもしれません。

このような技術の進化が Web アプリの欠点を補いつつ、さらなる Web アプリの活用が期待されています。サーバでの情報処理と端末での情報処理をうまく協調させてサイバーフィジカルシステムを構築していくことが、ますます重要になっていくことでしょう。

── 4.3　仮想化技術

コンピュータの性能が格段に向上し、一つのコンピュータの内部で複数の仮想的なコンピュータを動作させるという運用が一般的になりました。この節で

---

† 当然ですが、ネットワークから切り離されているときはネットワーク関連やサーバで行う処理を利用することはできません。

は、仮想的なコンピュータであるバーチャルマシンの考え方と、その利用方法、および仮想化に関連するさまざまな技術を紹介します。

4.3.1 物理マシンと仮想マシン

コンピュータのハードウェアは目で見ることができ、触れることができます。そこに存在する、物理的に実存するコンピュータのことを物理マシン（physical machine）といいます。一方で、コンピュータの性能向上により、コンピュータを使って別のコンピュータの動きをシミュレートすることが可能になりました。このような、物理マシンのなかで動かす仮想的なコンピュータのことを仮想マシン（virtual machine）といいます。いまでは、1 台の物理マシンのなかで、仮想マシンを複数台動作させることができるようになりました。

一般的には、仮想化は図 4.6 のようにして行われます。まず、物理マシンのなかで，仮想化ソフトウェア（virtualization software）を動かします。これは物理マシンの OS の上で動作し、仮想マシンの OS の土台としてはたらきます。この仮想化ソフトウェアの上に、仮想マシンの OS をインストールして動作させます。大元の土台となる物理マシンの OS はホスト OS（host OS）、その上に載せる仮想マシンの OS はゲスト OS（guest OS）とよばれます。

仮想化には、このようなホスト OS（host OS）の上で仮想化ソフトウェアを動作させる方法のほか、ホスト OS を利用せずにハイパーバイザ（hypervisor）とよばれるソフトウェアの上で動作させる方法などがあります。

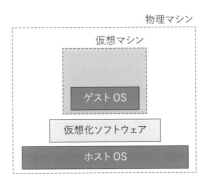

図 4.6　仮想化の仕組み

4.3.2 仮想マシンの利用

物理マシンではなく仮想マシンを利用することには、いくつかのメリットがあります。仮想マシンはソフトウェアで実現されているコンピュータ[†1] です。そのため、さまざまな実行環境を自由に準備できます。

たとえばアプリケーションなどの開発を行う場合、開発者間で違いが生じないよう、開発環境（development environment）を揃えなければなりません。また、アプリケーションが実際に使われる環境、すなわち本番環境（production environment）に合わせた環境で開発を行うことも必要です。さらに、テストのための環境（test environment）は、さまざまに条件を変えて用意しなければなりません。これらすべてを物理的に配布するのは大変ですが、仮想環境（virtual environment）として用意すれば簡単にできます。もちろん、切り替えて利用するなども簡単です[†2]。

後述するクラウドコンピューティング環境においても、サーバのコンピュータを何台も用意することも簡単に実現できます。物理マシンであれば、ハードウェアを用意して、電源を入れて……と物理的な操作を求められるので、データセンターのその場所に行って手続きをしなければなりません。

しかし、仮想マシンであれば、強力な物理マシンであるサーバのなかに仮想的なコンピュータ[†3] を用意することもほぼ一瞬です。仮想マシンを操作するダッシュボード（dashboard）となる Web アプリから、クリック一つで仮想マシンを用意できます。

運用していると、溜め込んだデータが増えてストレージが足りなくなることがあるかもしれません。物理マシンであれば、ハードディスクドライブ（HDD, hard-disk drive）やソリッドステートドライブ（SSD, solid-state drive）を買ってきて、いったん電源を落としてから新しいストレージを接続し、機器の設定を調整して再起動、という手順が必要となるでしょう。しかし、仮想マシンであれば、そのような調整も指先一つで設定できます。

[†1] CPU の動作やその他の環境をエミュレートすることで、さまざまなアーキテクチャのコンピュータを実現していると考えればよいでしょう。

[†2] 少し変わったところでは、プログラミング教育の環境を揃えるために利用するという例もあります。筆者の所属する中央大学 iTL では、学生が講義で使うコンピュータは BYOD（bring your own devices）方式で、Windows だったり Mac だったりします。そこで、それぞれのコンピュータに仮想環境を構築し、環境を揃えた状況で同一の内容を学びます。

[†3] それぞれの仮想マシンをインスタンス（instance）とよびます。

　予算に合わせて小さな規模のコンピュータから始め、サービスが軌道に乗ってきたら徐々にコンピュータの性能を上げていくというような運用も可能です。仮想マシンには、物理マシンに比べて自由度の高い運用を実現できるというメリットもあります。

4.3.3　コンテナ技術

　仮想化ソフトウェアを用いて複数のゲスト OS を動作させる方法は、コンピュータのなかで仮想的なコンピュータが動作している状況を想像すれば理解できるので、比較的シンプルな仮想化技術です。しかし、いちいちゲスト OS を起動しなければならないので、動作にオーバーヘッド（overhead）も多く、時間や利用資源の面から無駄もあります。

　そこで考えられた技術が、コンテナ（container）とよばれる方法です。具体的な実装方法としては、Docker というソフトウェアと一連の関連するソフトウェア群が普及しています。

　コンテナは、アプリケーションを実行するためのさまざまな環境設定を一つのパッケージ（package）としてまとめたものと考えればよいでしょう。アプリケーションを実行するプロセスはコンテナのなかで動作しますが、それを支える OS 自体はホスト OS が担当します。また、コンテナには専用のミドルウェア（middlewere）やライブラリも含まれます。ミドルウェアとは、データベースやソフトウェアライブラリ（ソフトウェア部品）、アプリケーションを構築するためのツール群のことをいいます。

　中間的な仮想化ソフトウェアやゲスト OS を介在させないため、コンテナを利用したアプリケーションの導入や起動はオーバーヘッドもなく短時間で実現されます。また、実行時効率も、ゲスト OS を利用する方法より良くなるはずです。しかも、これらのプロセスはコンテナの内部で仮想化されており、コンテナ間で干渉することがありません。したがって、重複するような資源を奪い合う[†]こともなく、それぞれを独立して運用できます。

　図 4.7 は、コンテナを利用した仮想化、仮想化ソフトウェアを利用した仮想化、そして仮想化していないプロセスの実行状況を図示したものです。さまざまなアプリケーション（プロセス）の実行形態を確認できるでしょう。

[†]　たとえば、同じディレクトリに存在するファイル名のファイルをそれぞれが個別に使用するなど。

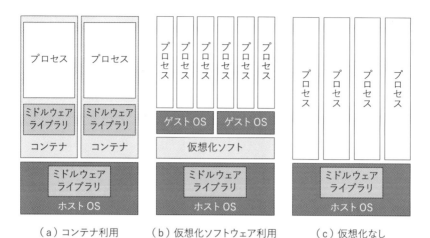

（a）コンテナ利用　　　（b）仮想化ソフトウェア利用　　　（c）仮想化なし

図 4.7　プロセスの実行形態

4.3.4　さまざまな仮想化技術

　仮想化技術はいまや花盛りで、計算資源、CPU の仮想化だけでなく、ストレージやネットワークも仮想化が進んでいます。

　ストレージの仮想化はストレージプール（storage pool）といい、物理的なストレージを一つの大きなストレージとしてまとめて扱おうという考え方です。個別のコンピュータに接続されたそれぞれのストレージ機器を独立して扱っている場合、どこかのストレージがいっぱいになってしまった場合には、そのコンピュータに接続されているストレージを増設しなければなりません。先に述べたように、その都度、物理的なアクセスを要求されるため、管理・運用の手間がかかってしまいます。

　しかし、そのような場合でも全体を見渡すと、余裕のあるストレージが残っているものです。あらかじめ複数のストレージをまとめてストレージプールを構築しておけば、その余裕のある部分を逼迫したストレージの追加部分に回すことができます。ストレージを仮想化してストレージプールを構築しておけば、運用状況に応じた柔軟な対応ができるのです。

　ストレージだけでなく、ネットワークも仮想化が必要です。仮想マシンを作ったり削除したりすると、都度、それらのコンピュータへのネットワーク構成を変更しなければなりません。あるいはライブマイグレーション（live migration）

といって、仮想マシンを動作したまま配置を変える[†1]という機能を実現しようとすると、動的な構成変更すら求められるでしょう。

　そのためには、ネットワーク機能も仮想化することが求められます。物理的なルータやスイッチという機能を、集約したうえで仮想化し、ネットワークの構成変更を柔軟にできるようにしようというアイデアです。

　ネットワークの仮想化は、SDN（software-defined network）や OpenFlow といった技術によって実現されます。SDN では、実際のデータ転送機能（data transfer function）と制御機能（control function）を分離し、制御機能をコントローラとなるコンピュータに集約、集中的にコントロールするようにします。ネットワークの制御を集中制御することで、ネットワーク構成を容易に変更できるようにします。

　このように、情報システムの構成をすべて仮想化することで、より自由度の高い柔軟なシステムを作り出すことができます。次節で述べるクラウドコンピューティング環境は、これらの仮想化技術に支えられているといっても過言ではないでしょう。

4.4　クラウドコンピューティング

　データセンターに集積されたサーバ群をネットワーク経由で利用する形態が進化すると、この節で説明するクラウドコンピューティングに行き着きます。まずはクラウドコンピューティングとは何かについて紹介し、そのメリットやサイバーフィジカルシステムにおける利用例について考えます。

4.4.1　クラウドコンピューティングの概念

　クラウドコンピューティング（cloud computing）とは何でしょうか。厳密な定義[†2]はともかくとして、クラウドコンピューティングとは、ネットの向

[†1]　ライブマイグレーションが実現できると、ある仮想マシンが動作している物理マシンの負荷が高くなってきたので負荷があまりかかっていない物理マシンに移動させるとか、パラパラと稼働している仮想マシンを一つの物理マシンに寄せ集め、空いた物理マシンの電源をすべて落とすことで電力消費を削減できるなどのメリットがあります。

[†2]　簡潔にしてわかりやすい定義は、米国商務省の組織である米国国立標準技術研究所（NIST, National Institute of Standards and Technology）によって提供されています。独立行政法人情報処理推進機構（IPA, Information-technology Promotion Agency）が日本語訳を提供しています[4)]が、もともとの文書も簡単な英語で書かれているので、ぜひ参照してみることをお勧めします。

こう側で処理される情報処理の結果を、あたかも雲から雨が降ってくるように、サービスとして享受すること、その概念のことをいいます。

　皆さんがいつも利用しているインターネット検索や各種の Web アプリケーションを実現しているサーバが、実際にはどこにあるか、考えたことがありますか？　それらを処理している物理マシン†がどこにあろうが、データセンターの所在地が国内でも海外でも、サービスの利用者にはどうでもよいことです。海外にある場合は多少の遅延時間が生じるかもしれませんが、通常は数十～数百ミリ秒ほどであり、気になるものではありません。

　つまり、各種 Web アプリの利用者は、サービスが確実に提供されればそれで満足するのです。実際の処理がどこで行われているかを気にすることはありません。

　雲から降ってくる雨が、どこから落ちてくるか考えたことはないでしょう。それになぞらえて、このようなコンピューティング環境のことはクラウドコンピューティングとよばれるようになりました。

　ところで、情報処理の結果をサービスとして捉えるということ、その考え方に慣れておく必要があるでしょう。クラウドコンピューティングにもいくつかの種類があり、サービスの提供形態によって分類されることがあります。実際の利用時には、どのレベルのサービス形態なのかを考えながら、クラウドサービス（cloud service）を利用したシステムを構築します。

4.4.2　クラウドコンピューティングの種類

　クラウドコンピューティングは、実装モデル（implementation model）とサービスモデル（service model）の違いでいくつかの形態に分類されます。

　まず、わかりやすい実装モデルによる分類から紹介しましょう。この分類では、プライベートクラウド（private cloud）、コミュニティクラウド（community cloud）、パブリッククラウド（public cloud）、ハイブリッドクラウド（hybrid cloud）の 4 種類が挙げられています。

　プライベートクラウドとは、そのサービスの利用者が限られた人たちだけというような状況です。会社や学校などの団体が、単独で利用するというような状況が想定できます。コミュニティクラウドは、もう少し広い範囲で利用者を

---

† 　実際にはその上で動作している仮想マシンかもしれません。

特定します。すなわち、同じような目的をもっている人々や、所属組織は違っていてもお互いに連携して協働しているような人々など、一定のコミュニティに属している人々が利用するクラウドコンピューティング環境です。パブリッククラウドは、不特定多数の人々が利用できるようなサービスで、これも一般的に使われています。ハイブリッドクラウドは、それらが混在するようなモデルです。

　次に、サービスモデルによる分類です。この分類では、SaaS（software as a service）、PaaS（platform as a service）、および IaaS（infrastructure as a service）が挙げられています。

　SaaS とは、クラウドコンピューティング環境上で動作している特定のソフトウェアを利用する形態のことです。各種プロバイダのメールサービスを Web アプリケーションとして利用するケースは、代表的な SaaS の利用例といえるでしょう。

　PaaS は、サービス提供者が用意する OS やミドルウェア、アプリケーション開発フレームワーク（application development framework）などを利用して、クラウドコンピューティング環境上に利用者自体がアプリケーションを構築して利用するものです。最終的にエンドユーザが利用するアプリケーションは、PaaS の利用者が作成します。PaaS のサービス自体は、そのアプリケーションを構築して運用する手順です。

　IaaS はクラウド上で動作する仮想マシンそのものを提供するサービスです。IaaS の利用者は、提供された仮想マシンを自分でゼロから仕立ててアプリケーションを構築しなければなりません。PaaS よりも手間はかかりますが、そのぶん、自由度は高いというメリットがあります。

　なお、SaaS、PaaS、IaaS 以外にも、最近はあらゆるものがサービスとして提供されるようになりました。それらをまとめて XaaS（X as a service）ということがあります。IaaS と PaaS の具体例は、第 6 章で紹介します。

4.4.3　クラウドコンピューティングの特徴

　クラウドコンピューティングの基本的な特徴としては、表 4.2 に示す 5 項目が挙げられます。

　これらの特徴により、クラウドコンピューティングを利用した柔軟なサービスシステムを構築できるようになります。たとえば、次のような利用例を想定

表 4.2　クラウドコンピューティングの特徴

特　徴	簡単な説明
オンデマンドセルフサービス	ユーザ自身が自分でコンピュータの稼働状況に関する設定を指定できる
幅広いネットワークアクセス	ネットワークを介してさまざまなデバイスからアクセスできる
リソースの共用	サービス提供者のリソースは集約されており、動的に割り当てられて利用する
スピーディな拡張性	計算能力は自由に拡張可能で、場合によっては自動で拡張される
サービスが計測可能であること	提供される各種のサービスは計測され、最適化できるように管理される

してみましょう。

　A 社は、新しい画期的なサービスを考えました。新しいサービスのため、ごく限られたユーザのみが利用するといった小規模なサービス提供からのスタートです。したがって、用意するコンピュータ環境も、小規模なものから始めます。小規模なシステムであれば、クラウドコンピューティング環境の利用料も、ごく少額で済みます。

　A 社のサービスはクチコミで評判をよび、ユーザの数が急増しました。ユーザ数が増えたので、小規模なシステムではさばききれないようになりました。そこで、クラウド上の仮想マシンを増強します。クラウドコンピューティングの特徴により、クラウドサービス提供者の手を煩わせることなく、A 社のエンジニア自身の手によってシステムの規模を簡単に拡張できました。

　システムを増強したので、クラウドコンピューティング環境の利用料も増額されました。これらは実際の利用量に応じて従量課金で支払う部分も含みます。しかし、A 社サービスのユーザからサービス料金を徴収するようにしたので、A 社の利益も増加、新サービスの運用は、無事、軌道に乗りました。

　このようなシナリオは、クラウドコンピューティング環境だからこそスムースに実現できたといえます。もし物理マシンをそのまま利用していたとしたら、どこかで破綻が生じるか、サービス提供開始時には無駄な投資が発生していたことでしょう。

4.4.4 サイバーフィジカルシステムにおけるクラウド利用例

これまでに何度も説明したように、サイバーフィジカル社会においては、リアル空間とサイバー空間の連携が重要です。そしてサイバー空間ではビッグデータ分析など、高度なコンピューティングが求められます。

現代的なサイバーフィジカルシステムにおいては、サイバー空間の情報処理は主としてクラウドコンピューティング環境で実現されるといっても過言ではないでしょう。

サイバーフィジカルシステムとクラウドコンピューティングの代表的な利用例として、デジタルツイン（digital twin）という概念があります。デジタルツインとは、現実世界をモデル化し、現実世界の双子となる世界をサイバー空間上に実現して問題解決にあたるものです。

デジタルツインの実現にあたり、現実空間を可能な限り忠実にモデル化するために、多種多様なセンサやアクチュエータの活用が必要です。また、多量のデータを処理するために大規模なデータ処理環境も必要となるでしょう。そこでクラウドコンピューティング環境の出番です。

現実世界をサイバー空間に再現して問題を解決するという手法は、古くからシミュレーションとして考えられてきました。大雑把にいえば、デジタルツインもシミュレーション技術の一種であると考えてもよいでしょう。しかし、これまでのシミュレーション技術と異なる特徴は、デジタルツインは現実世界と密接に連携しており、リアルタイム性があり、計算結果は現実世界にもフィードバックされるという点でしょう。

これまでのシミュレーションは、得られているデータに基づいてサイバー空間上にモデルを構築し、さまざまな条件を加味して予測を行うというものでした。デジタルツインは、サイバーフィジカルシステムの上にそのシミュレーション環境を構築し、リアルタイムにデータを取りつつクラウドコンピューティングで計算処理を行い、必要に応じて現実世界にもその結果をフィードバックするというところが新しいのです。

最近では、SDGs（sustainable development goals）への取り組みや、世界各地で生じている社会問題の解決にもデジタルツインが取り入れられるようになってきました。そのためにいきなり現実世界を忠実に再現したモデルを作成することはなかなか難しく、やはり小規模なモデルから考えていく手順が順当なものでしょう。ここでもクラウドコンピューティングの利点を活かすことが

できます。すなわち、小規模なモデルから始めて、徐々に大きなシステムへと成長させていけるという利点です。

　実際のサイバーフィジカルシステムは、リアル空間とサイバー空間の接点に IoT などの物理的なインタフェースが必要となるため、クラウドコンピューティング以外の部分に制約が生じる可能性があります。しかし、コンピューティング環境を簡単にスケールアップできるというクラウドコンピューティングのメリットは、ここでも有効にはたらくことでしょう。

――――――――――――――――――――――――――――― 第 4 章のまとめ

　第 4 章では、サイバーフィジカル社会を支える情報システムの形態に着目し、単純なクライアント・サーバシステムから現代の主たるコンピューティング環境であるクラウドコンピューティングに至るまでを概観しました。

　集中システムが中心だった頃は、メインフレームという大型のコンピュータが活躍していましたが、コンピュータネットワークの発展とともに分散処理が当たり前の時代に至りました。そのなかで、クライアントにサービスとして情報処理を提供するクライアント・サーバシステムは重要な役割を担うようになりました。

　インターネットの発展とともに、WWW の仕組みも社会の重要な一部になっています。その上でアプリケーションを動かす Web アプリケーションも、至るところで利用されるようになりました。この章ではその原理について解説しました。

　コンピュータの計算資源が潤沢になるにつれて、仮想化という考え方が広まります。仮想化技術を導入することで、多少のオーバーヘッドと引き換えに、柔軟なシステム構成を得ることができました。その概念は、物理的にはどこで計算処理が行われているかは意識する必要がなく、サービスだけ確実に享受できていればよいというクラウドコンピューティングの考えにつながっていきました。

――――――――――――――――――――――――――――― この章で学んだこと

- クライアント・サーバシステムの基本的な考え方
- Web アプリケーションの概念とその構成
- 仮想マシンとそれを実現するためにさまざまな技術
- クラウドコンピューティングの概念と、その特徴、使い方

第5章

身近な情報処理の具体例

　この章では、日常生活で見かける情報処理の事例を、具体的にいくつかピックアップして紹介していきましょう。

　最初に紹介する事例は人工知能です。機械学習とよばれる手法が進化したことにより、かつては SF 映画などでフィクションとして描かれていた人工知能がだいぶ身近なものになりました。

　続いて紹介する例は、データ処理の事例です。自然言語処理、統計処理、地理情報処理など、データ処理もずいぶんと一般的なものになりました。コンピュータの処理能力が格段に向上したので、比較的安いノートパソコンのようなコンピューティング環境であっても、十分なデータ処理を短時間で実現できるようになっています。

　さらに、業務の自動化や効率化について考えてみます。オフィスの自動化はかつてオフィスオートメーション、OA 化といわれました。いまではデジタルトランスフォーメーション、DX という言葉がささやかれています。というとなかなか進化していないようにも感じますが、きちんとできる人は確実に効率化を進めています。

　最後は少し毛色を変えて、コミュニケーションツールに光を当ててみましょう。コミュニケーションの方法も IT の進化でずいぶんと変化しました。毎日利用している人もいるかもしれませんが、少し後ろに下がって、広い目で客観的に捉えてみましょう。

5.1　人工知能

　現代は第三次人工知能ブームといわれています。かつては先進的な情報処理だった人工知能も、現実的な情報処理の道具としてさまざまなシーンで利用されるようになりました。この節では、現時点で人工知能によってどこまでの処理が実現できるのか、どこに限界があるのかなどについて迫ります。

5.1.1　人工知能ブームの変遷

　人工知能（AI, artificial intelligence）は人工的に知的な判断を行う機械です。その歴史はコンピュータの登場とほぼ同じであり、コンピュータが発明された直後に第一次人工知能ブームが起こりました。ただし、この頃はコンピュータ自体が非力だったこともあり、簡単な判定のシステムを実現する程度が関の山という状況だったようです[5]。イライザ（ELIZA）とよばれる対話システムも作られましたが、簡単なルールで返答するだけのシンプルなプログラム[†]でした。

　その後、IT の技術自体が進化し、1980 年代から 90 年代初頭にかけて、第二次人工知能ブームが起こりました。このとき日本では、1982 年から 1992 年にかけて、第五世代コンピュータプロジェクトが大規模な国家プロジェクトとして実施されました。第二次人工知能ブームの時代に、人間の神経のはたらきを模したニューラルネットワーク（neural network）の技術や、機械学習（machine learning）のシステムがかなり進化しました。しかし、まだコンピュータの能力が不足していたため、それらの技術を十分に活かしきることはなく、しばらくまた冬の時代を迎えます。

　そして現在の第三次人工知能ブームです。コンピュータの処理能力が格段に向上したため、機械学習の効果を確実に得ることができるようになりました。本来は画像処理に用いる GPU（graphical processing unit）を、機械学習の処理のなかでも負荷のかかる学習処理に転用する技術や、ニューラルネットの規模を大きくして判別能力を高めた深層学習（deep learning）などの技術が画期的なものと注目され、人工知能の応用範囲が拡がりました。いまや、人工知能をどう実現するか、ではなく、人工知能で何を実現するかを考える時代に突入しているのです。

5.1.2　機械学習の仕組みと代表例

　機械学習や人工知能は、論理学に基づくものと統計学に基づくものに分類で

[†]　ルールに当てはまらない会話が入力されたときは、おうむ返しに答えるというものだったそうです。そのような単純なルールで「それっぽい」会話が成り立っていたとのこと。そう考えると、人間の対話はいかに適当なものか、思い知らされます。つまらない会話でも、なんとなくおうむ返しに同じ内容を答えていれば会話が成り立つということは一つのライフハックかもしれません。

きます。第二次人工知能ブームの頃、エキスパートシステム（expert system）に代表される人工知能は論理学、なかでも述語論理（predicate logic）とよばれる考え方を基本とするものが中心的に考えられていました。そのような人工知能を実現するために、LISP や Prolog といったプログラミング言語が考案され、活用されました。

論理プログラミング（logic programming）は、そのようなルールベースのプログラミングを簡単に作るためのプログラミングパラダイム（programming paradigm）です。「このような条件のときにはどうする」というように、条件と処理をいくつも組み合わせることで、論理的な判断を実現します。このような考え方は、現在でも make というプログラミング支援ツールや、データベース操作言語である SQL に受け継がれています。

ところが、このようなルールベース型の人工知能は、ルールを人間が考えて事前に与えなければなりません。実際の問題を解決するためには、複雑な命題を与えなければならず、なかなか大変です。

現在主流となっている機械学習は、統計に基づく方式です。大量のデータを与えることで、それらから法則性を自動で導こうという考え方です。機械が半自律的に学習するので、機械学習というのです。

機械学習は、教師あり学習（supervised learning）と教師なし学習（unsupervised learning）に分けられます（表 5.1）。前者は、あらかじめ正解となるデータをラベル（label）とともに与えることで、判定の拠り所となるパラメータの学習を進めます。正解と不正解†のデータを用いて学習することで、汎用的な判

表 5.1　機械学習の分類

分　類	代表的手法	特　徴
教師あり学習	ニューラルネットワーク	人間の神経回路をモデルにしている
	サポートベクターマシン	各クラスを最適に分類する平面を求める
教師なし学習	クラスタリング	データを統計的手法を用いて分類する
	自己組織化マップ	ニューラルネットワークの一種だが教師データは用いない

---

† あるいは、どのクラスに属するか、というような情報です。「0」～「9」の手書き数字を認識するための判別器は、手書き文字の画像データを「0」～「9」の正解ラベルとともに与えることで学習を進めます。

別器（classifier）を作成します。このような事前にラベルがつけられているデータのことを教師データ（training data）といいます。教師あり学習の代表例としては、前述したニューラルネットワークやサポートベクターマシン（SVM, support vector machine）などがあります。

　一方の、教師なし学習で用いる教師データに正解・不正解のラベルはありません。教師なし学習では、与えられた教師データから判別のルールを自動的に抽出します。データをいくつかの塊に分別するクラスタリング（clustering）は、教師なし学習の例です。教師なし学習には、ほかにも自己組織化マップ（self-organizing map）などがあります。

　学習させる際に気をつけなければならないこととして、過学習（over-fitting）の問題があります。過学習とは、パラメータを学習データに合わせすぎてしまい、学習データにはよい成績を残すけれども、それ以外のデータには不適合な判別器になってしまうことです。効果的な判別器を作るには、学習時に過学習させないような工夫も必要です。

5.1.3　強い人工知能と弱い人工知能

　残念ながら、人工知能といえども万能ではありません。人工知能でどこまでの処理が実現できるのか、整理します。

　そもそも、人工知能にはフレーム問題（frame problem）とよばれる根本的な制約があります。これは、人工知能は学習した知識の枠（frame）を超えた問題については判断できないという問題です。人工知能という言葉を最初に用いたといわれる米国の計算機科学者ジョン・マッカーシー（John McCarthy）が提唱した問題とされていて、現在では、そのバリエーションがいくつか定式化されています。

　また、それに関連して、人工知能は強い人工知能（strong AI）と弱い人工知能（weak AI）に分類されます。この概念は、哲学者のジョン・サール（John Rogers Searle）[†]が提唱しました。

　強い AI とは、理想的な人工知能、すなわち、自ら考えるような知能であり、真の意味での人工的な知能を表します。人間の知能に迫るもの、あるいは、人間をそのまま置き換えられるような人工知能と考えてもよいでしょう。

[†]　中国語の部屋（Chinese room）などの、人工知能に対する哲学的な批判でも有名です。

対して、弱い AI は、与えられた問題を与えられた枠組みのなかで解決する
だけの、単純な問題解決器（problem solver）や探索機器（search device）を
指します。現在、チェスや将棋、囲碁などのゲーム類は、人間のトッププロで
も人工知能に敵わないまでになりました。しかし、これらの人工知能プログラ
ムは、弱い AI に分類されます。

残念ながら、現在実現されている AI は、この弱い AI です。強い AI が実現
できるかどうか、まだよくわかっていません。フレーム問題が解決しない限り
は、強い AI を実現するのは難しいのではないでしょうか。

もう一つ、AI の分類には、特化型人工知能（narrow AI）と汎用人工知能（AGI,
artificial general intelligence）に分ける軸もあります。特化型人工知能は与え
られた問題を解くだけの人工知能であり、汎用人工知能はさまざまな問題を自
律的に解くことができるというものです。

これも、現時点で実現されている AI は特化型のみです。チェスを解く AI は、
いくらチェスが強くても、将棋を指すことができません。将棋のプロを負かす
AI であっても、囲碁を打つことはできません。

現在実現されている AI は、弱い AI であり特化型の AI に限られています。
もちろん、理想とする AI は、強い汎用の AI です。現在の弱い特化型 AI から、
理想とする強い汎用 AI へ、どのような道筋を経て進化していくのか、あるい
はそもそも理想的な AI など実現できないのか、現在はまだよくわかっていま
せん。第三次人工知能ブームで人工知能の応用に研究フェーズが移りつつある
とはいえども、まだまだ、人工知能研究者に与えられた研究テーマは尽きませ
ん。ロマンがありますね。

5.1.4 さまざまな課題に適用できる人工知能

汎用人工知能はまだ実現できていないとはいえ、人工知能や機械学習の考え
方そのものは、さまざまな問題解決に適用できます。現時点では、人間が問題
解決のための人工知能プログラムを作成しなければなりませんが、汎用人工知
能が発明されたら、その部分まで含めて人工知能で解決するという時代が来る
かもしれません。

たとえば、機械学習を社会問題の解決に応用することを考えてみましょう（図
5.1）。社会には、解決すべき問題が山積みです。それは自然科学の分野におけ
る問題かもしれませんし、社会科学の問題かもしれません。場合によっては人

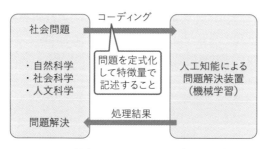

図 5.1　社会の問題と人工知能（機械学習）

文科学の領域[†]かもしれません。それらの問題を、機械学習で解決してみましょう。考えるべきことは、問題をコーディング（coding）することです。

　コーディングでは、まず、問題の定式化を行わなければなりません。もやもやとした課題を言葉できちんと表し、条件を整理します。さらに機械学習を用いた解決を行うには、その問題をなんらかの特徴量（features）で表現しなければなりません。多くの問題ではこの部分が難しく、人間による勘を必要とします。深層学習が人気を得たのは、この部分を適当に与えてもそれなりの結果が出るからだと指摘する人もいます。

　コーディングができて、十分なデータセットで学習さえできれば、あとは簡単で、処理結果を解釈して問題を解決します。多くの人工知能は判別器（classifier）や、回帰分析による予測器（estimator）として実装されるので、結果の解釈はそう難しくありません。

　このように、うまくコーディングさえできれば、多様な問題を人工知能で解決できるのです。

5.2　データ処理

　続いて、データ処理のいろいろを見ていきましょう。人間によって書かれたテキストを分析する自然言語処理、数値データを扱う統計処理、さらにはプログラミングとドキュメンテーションを同時に行うノートブックアプリの例を紹介します。また、オープンデータとよばれる動向についても解説します。

[†]　ヨーロッパの田舎で発見された古い戯曲の原稿が、シェイクスピアのものかどうかを機械学習の方法で判定したという研究例があるそうです。

5.2.1 自然言語処理

　まずは自然言語処理（natural language processing）です。コンピュータに人間の言葉を理解させる、というのはコンピュータの登場初期からのテーマであり、自然言語処理はさまざまな応用目的で使われてきました。さらに最近では、後述する SNS やブログなど、市井の人々が自らの意見を発信する機会が増えました。その結果、それらの文書（text）を対象にしてデータ分析を行う機会も増えたのです。

　自然言語処理にもいろいろな手法が提案されています。文章に含まれている単語の出現頻度で処理を行う Bag-of-words とよばれる手法や、出現頻度だけでなく単語の重要度まで考慮する Tf-Idf（term frequency and inverse document frequency）といった手法など、多様な手法が考案されています。

　図 5.2 は、自然言語処理を応用したシステムの事例です。TWtrends[†]と名付けられたこのシステムは、Twitter のトレンドを可視化して共起ネットワーク（co-occurrence network）とトピックマップ（topic-map）を表示するものです。図 5.2 の左側にあるトレンドに関する共起ネットワークが、図 5.2 右にはトピックマップの一部が表示されています。

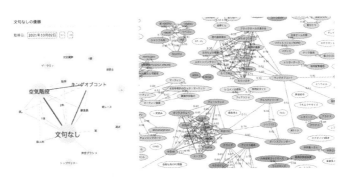

図 5.2　自然言語処理の例（Twitter トレンドの可視化）

5.2.2 統計処理パッケージ

　数値計算はコンピュータが最も得意とする分野です。とくに、大量の数値データを扱って統計処理を行うことは、コンピュータが高性能化してますます利用

---

† https://twt.iiojun.com/ でアクセスできます。

価値が高まりました。

　ビッグデータを統計処理して付加価値を見出すことが容易になっただけでなく、統計の専門家ではなくとも簡単に統計処理を実施できるようになったことは特筆すべきこと[†]かもしれません。

　素人でも簡単に使うことができる統計処理パッケージがいくつも提案されています。なかには後述するオープンソースソフトウェアとして無償で利用できるようなアプリケーションもあります（表 5.2）。

表 5.2　さまざまな統計処理パッケージ

種　類	代表例
GUI で操作する ソフトウェア	JMP, SPSS, STATLSTICA, SYSTAT など
統計処理用 プログラミング言語	SAS, S-PLUS, Stata, R など

　表計算ソフト（spreadsheet）も数値データを扱うソフトウェアです。そのため、表計算ソフトの拡張機能（アドオン、add-on）として統計処理を実現できるようにするものもあります。いずれにしても、自分にとって使いやすく、わかりやすいものを選んで利用するとよいでしょう。選択肢が多数あるということはとてもよいことです。

5.2.3　ノートブックアプリ

　データ分析を進めるにあたり、ぜひとも利用したいのがノートブック形式で記録できる対話的プログラミング環境（interactive programming environment）です。代表的なものが、Python による対話的なプログラミングとメモを同時に記録できる Jupyter Notebook や、それを Google がクラウドサービスとして提供している Google Colaboratory です。

　利用例を図 5.3 に示します。この例では、「Python の 〜」という部分が書き込んだテキスト部分で、その下の「`def read_data():`」で始まる部分がプログラムの断片です。このプログラムは実行でき、実行結果がプログラムの

[†]　ただし、統計処理ソフトウェアの出力を鵜呑みにするのはよくありません。統計学の基礎をきちんと学び、ソフトウェアの出力が何を意味しているのか、正しく説明できるようになっておきましょう。

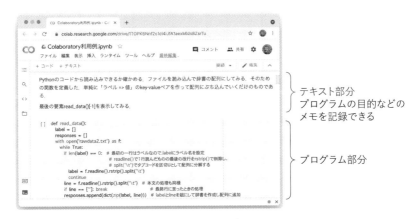

図 5.3　ノートブックアプリケーション

直後に示されます。

　このようなノートブック型の対話的プログラミング環境は、対話的に試行錯誤しながらプログラムの開発を進められるという利点があるだけでなく、プログラムだけでは表現しづらい、処理の目的や意図を自然言語でその場所に記述できることが大きなメリットです。

　プログラムや処理状況を共有するときに、そのプログラムを説明する自然言語による記述も合わせて共有できるので、やろうとしていることへの理解が深まります。それは他人への共有に限りません。1 週間前の自分は他人とほぼ同じです。何をやろうとしていたか正確に覚えていないことのほうが多いでしょう。きちんとした説明があれば、すぐに思い出すこともできるはずです。

5.2.4　オープンデータ

　データ処理の話題に関連して、オープンデータ（open data）とよばれるデータの取り扱いに関する考え方も紹介しておきましょう。これは、政府や自治体、ときとして私企業がもっているデータを、社会の共有財産として一般公開して使ってもらおうという考えです。とくに官公庁や自治体が積極的にデータを公開する背景には、それらが税金によって賄われている活動の成果であるという背景があります。そのデータを公開し、活用してもらうことで、データそのものの価値を高めようという意図が含まれています。

　この考え方は世界中で支持され、世界の至る所でさまざまなデータが公開さ

れるようになりました。人口統計などの住民動向に関するデータや、産業デー
タ、その他の多様なデータがオープンデータとして公開されています。

　ところで、このオープンデータに関して、WWW の発案者であるティム・
バーナーズ＝リーは、五つ星オープンデータ（5-star open data）というアイデ
アを提唱しています。それは、再利用しやすさによってデータの公開状況を五
段階で評価しようというものです。もちろん、最終的にはレベル 5 が望ましい
のですが、段階的にそのレベルを上げていこうとするための指標です。

　各段階の指標は、ただ単に、自由に使える利用許諾のもとで公開していると
いう段階はレベル 1、構造化データの形式で公開していたらレベル 2、特定製
品に紐づいていないようなデータ形式（CSV データなど）で公開していたら
レベル 3、それぞれのデータに対して URI（uniform resource identifier）で名
前がつけられていたらレベル 4、そしてそれらが有機的にリンクしているデー
タになっていたらレベル 5 となっています。多くのオープンデータがレベル 5
の形態で提供されるようになれば、機械処理により高度なデータ活用が進むこ
とでしょう。

　このように、オープンデータの整備が進めばそれはとてもよい活動になるは
ずですが、現時点ではまだ課題も多く、理想とは程遠い状態です。公開されて
いるデータのほとんどはレベル 1、よくてレベル 2 やレベル 3 というような状
況で、大勢のデータサイエンティストが前処理に時間を費やしています。

　そのおもな理由は、オープンデータの掛け声のもとで実際にデータの公開整
備を担当している行政の担当者が、データを取り扱う専門家やデータサイエン
ティストではないからです。彼らは行政の専門家であって、データ処理の専門
家ではありません。データは行政の副産物なので、彼らの主たる業務の対象で
はないからです。気の利いた担当者であれば、自分で勉強してなんとかしよう
とするかもしれません。しかし、多くの職員は日々の業務に追われており、そ
こまで手が回らないでしょう。また、データの取り扱いに長じた担当者が現れ
たとしても、数年経つと人事異動で違う部署に移ってしまいます。

　オープンデータの推進活動は、このような点も含め長い目で考えていかねば
なりません。

5.3 業務の効率化

　この節では、少し視点を変えて、日常的な業務の効率化ということを考えてみましょう。日本は、工場の自動化、いわゆる FA（factory automation）により高度経済成長を遂げましたが、事務処理の効率が低いと指摘されています。IT を活用してホワイトカラーの生産性を上げることを真剣に考える必要があるでしょう。

5.3.1 RPA

　第 1 章ではデジタルトランスフォーメーション、DX について簡単に触れました。DX とともに業務効率化の文脈で注目されている技術が、RPA（robotic process automation）です。RPA とは、人間が手作業で行っていた事務処理を、ロボット（robot）とよばれるソフトウェアが自動で実行することで、業務の効率を上げようというものです。

　RPA のような考え方は、昔からありました。現在は AI などを応用して、複雑な手順でも自動で実行できることを売りにしたツールがいくつも提案されています。

　それぞれのソフトウェアはユーザインタフェース（UI）がほぼ決まっているので、UI 部品のそれぞれの位置さえ定めてしまえば、マウスのクリックやキーボード入力など、人間が行う作業をソフトウェアに代行させることはそれほど難しいことではありません。どちらかというとソフトウェアテスト（software testing）の文脈で利用されることが多いツールですが、Selenium というツールが人間の操作を代行するものとして昔から使われていました。さらに遡れば、X Window System に組み込まれている xtest というツールで、同様の処理は実現できました。

　RPA は、現状のツールを置き換えることなく、既存のシステムに組み込むだけで業務の自動化がある程度実現できるという点で、短期的には効果のあるツールです。ただし、本質的な業務改善を考えるのであれば、表面的な RPA の導入ではなく抜本的なシステムの更新を考えるべきでしょう。

　そもそも各種のツールは人間の操作を前提とした UI を提供しているので、それをそのままソフトウェアで代行するのは無理があります。そのような冗長な構成にせずとも、システムが適切な API（application programming interface）

を提供し、その API を利用した自動化のプロセスを組み込むほうが効率的です。

　いずれにしても、RPA で業務効率を段階的に高めつつ、根本的な最適化を進めていくことが重要でしょう。RPA の各種ツールを導入しただけで満足してはいけません。長期的な自動化を考えることが大切です。

5.3.2　業務効率化は業務分析から

　業務の効率化を考える際に、重要なポイントがあります。情報システムを導入して、業務をシステム化すれば業務を最適化できると安直に考えていませんか？

　残念ながら、やみくもにシステムを導入しても、あまり意味がありません。反対に、システムに不慣れな社員が生産性をかえって低下させたり、社員からの反発を招いたりして組織が不安定になってしまうかもしれません。

　適切な業務効率化を行うには、システム導入の前にしっかりした業務分析（business analysis）を行うべきです。業務分析は方法論が確立しており、業務分析に関する知識体系である BABOK（Business Analysis Body of Knowledge）も存在します。それらに従って適切な業務分析を行ったうえで、きちんとしたシステムを正しい方法で導入しなければ、組織全体の業務効率化は期待できません。

　まず行うべき作業は、現状の業務手順、業務プロセス（business process）を可視化して整理することです。現在行っている業務の手順を図示ないしは文書化して、誰でもわかる形で記述します。

　続いて業務のサイズを評価します。頻度や量を調査し、特定の担当者や部署に過大な負荷がかかっていないかどうか、業務に無理や無駄がないかどうかを検証します。業務をシステム化するだけでなく、業務プロセスに無駄があればそれを取り除くことも大切です。適正な業務分析を行えば、無駄な手順が炙り出されます。それだけでも業務の効率化は期待できるので、業務分析を行う意味があるでしょう。

　既存システムの改善や、新たなシステム化で業務改善や効率化を考えるのはその次の段階です。この段階になれば、改善の方向性が見えてきます。業務をどのように改善し、どのようなシステムを導入すれば、全体として最適化できるかを考えることができます。理想的な業務のあり方も見えてくるでしょう。また、システムの機能評価（functional evaluation）により、システムの導入

で業務を最適化できるかどうかを考えましょう。

CRM（customer relationship management）や ERM（enterprise resource management）といった一般的な業務システムは、世界標準のシステムがあり世界中で利用されています†。このようなシステムの導入は比較的簡単ですが、日本の商習慣と合わないこともあるため、その導入には若干の注意が必要です。

とはいえ、場合によってはシステムに業務を合わせることも考えるべきです。必ずしも世界標準のシステムに合わせることが正解とはいいませんが、世界中で利用されていることにはそれなりの理由があるからです。システムをカスタマイズして使うことを考える前に、業務そのものをカスタマイズすることを検討してみてはいかがでしょうか。

5.3.3　脱ハンコ

日本はこれまで何かと印鑑（ハンコ）を押す文化がありました。いまでも重要な文書には押印が必須であり、最後は印鑑というところからは脱却していません。しかし、多くの書類では、ハンコを押すことに意味があるのか？　と再考されるようになりました。これも、日本社会の無駄な手順、無駄な習慣が排除され、社会全体としてわずかでも最適化された結果と好意的に受け止めるべきでしょう。

無意味な押印をやめ、すべてを電子文書でやりとりすることで、業務の効率化は進みます。とくに、リモートワークやテレワークといった分散オフィスや自宅での業務が捗るでしょう。わざわざ出社して、物理的な押印処理を行う必要がなくなるからです。

脱ハンコを進めると、今後は重要な文書も電子化する必要が出てくるでしょう。その際に問題になるのが文書の正当性を証明する認証（authentication）の方法です。印鑑での認証に代わり、電子認証（digital authentication）の導入が期待されます。

公開鍵暗号の仕組みを利用した電子認証や電子署名の技術は、使われるべきところではすでに使われており、重要な要素技術になっています。しかし、公文書や契約書の電子化といった、押印を置き換えるレベルまでは至っていませ

---

† 最近はクラウドサービスとして提供されているものも多く、そのようなサービスを活用するのも選択肢の一つとなるでしょう。

ん。これらの技術は少しわかりにくく、一般に普及させるためにはなんらかの新たな方策が必要かもしれません。いずれにしても、認証の電子化を進めるためには必須の技術です。今後、どのように普及していくのか、浸透させるのかに注目です。

5.4　コミュニケーションツールの活用

　最後はコミュニケーションツールです。いまやソーシャルネットワーキングサービス（SNS）を使っていない人はいないのではないかというくらい SNS 時代となりました。IT が支える SNS 文化について述べ、コミュニケーションの新しい形であるオンライン会議ツール、ソフトウェア開発におけるコミュニケーションについて考えます。

5.4.1　SNS

　IT（information technology）は日本語では「情報技術」ですが、情報通信技術と称されることもあります[†]。英語にすれば、ICT（information communication technology）という表現です。本書では一貫して IT という表記を使用してきましたが、IT でも ICT でもその扱う内容はほぼ変わらないものと考えて構いません。

　ただし、ICT はコミュニケーションという単語が含まれているだけに、通信にも重きを置いているといえます。そして、コミュニケーションを行うのはコンピュータどうしだけではなく、その両端にはエンドユーザがいます。コミュニケーションの本質は、人間どうしのやりとりだということでしょう。

　人間のコミュニケーションを振り返ってみても、古くは狼煙から始まり、手紙のやりとりなどコンピュータを利用しない情報システムが長い間利用されてきたことはすでに説明しました。現在は、コンピュータを活用した高度なコミュニケーションが実現されています。

　ソーシャルネットワーキングサービス（SNS, social networking service）は、2000 年代になって発展した代表的なコミュニケーションツールといえるで

[†]　一説によれば、IT は経済産業省用語で ICT は総務省用語なのだとか。総務省はもともと郵政省だった部署も含むので、通信（communication）が守備範囲ということですね。縦割り行政がこのようなところにも現れているのは興味深い事象です。

しょう。それまでも、電子メールやチャット、電子掲示板（BBS, bulletin board system）など、コンピュータを利用したコミュニケーションツールはさまざまなものが利用されていました。SNSは、人間の友達関係や知り合いの関係など、人的ネットワークをそのままサイバー空間上のネットワークに反映させるというアイデアで、急激に利用者を獲得していきました。

　SNSも画像や動画をメインに扱うサービスが現れて人気になったり、マイクロブログ（micro blogging）とよばれる手軽なサービスが人気を博したりと、多様な形態のコミュニケーションツールが現れています。しかし、技術の進化とSNSの普及に伴い炎上が社会問題になるなど、新たな問題も生じていることは無視できません。これらの問題に社会がどう向き合っていくか、社会のルール整備も重要です。

5.4.2　オンライン会議ツール

　近年、急速に普及が進んだコミュニケーションツールといえば、オンライン会議ツール（online meeting tool）でしょう。古くはCU-SeeMee、比較的最近のものとしてはSkypeなど、TV電話会議ができるコミュニケーションツールは昔から提案されていました。国際会議でも「どうしても参加できないからオンライン会議ツールで参加する」といったケースはまったくなかったわけではありません。

　しかし、COVID-19のパンデミックで状況は一変しました。人流の抑制を目的としたリモートワークやテレワークが当たり前になり、会議も対面ではなくオンラインで実施しましょうということになりました。大学でも、パンデミックの最中は多くの授業がオンライン講義化しました[6]。

　オンライン会議ツールも、ZoomやCisco Webex、Google Meet、Microsoft Teamsなど、数多くのプラットフォームから似たようなソフトウェアが提案されています。使い方はほぼ同じなので、どれか一つでも使いこなせるようになれば、どのツールもすぐに利用できるようになるでしょう。通信・通話品質のわずかな差や、細かな使い勝手の差異はありますが、どのツールを使っても十分なオンライン会議を実現できます。

　オンライン会議ツールの普及が進んだため、前述のようなテレワークやオンライン会議といった使い方だけでなく、多様な使われ方がなされているようです。一人暮らしをしている子供や実家の両親など、離れて暮らしている家族と

接続して家族の絆が深まったという家庭も多いことでしょう。

　おもしろい使い方として、一般社団法人ことばのまなび工房が取り組んでいる異文化交流教育の試みを紹介します。同社団では、(に)日本語を話さない(こ)高校生と話そう（P）プロジェクト（通称「にこ P」）と称して、高校生の異文化交流教育支援に取り組んでいます[7]。図 5.4 は、同プロジェクトに参加して異文化交流を実施している日本と台湾の高校生たちです。

日出学園高等学校（日本）　　　　　　　　　　　　　　　　福城高級中学（台湾）

図 5.4　にこ P に参加している高校生（写真提供：(一社)ことばのまなび工房）

　このプロジェクトでは、日本の高校と海外の高校を結んで、異文化交流教育を実施します。具体的には、それぞれが 2 〜 3 人の小さなグループ[†]を作成し、オンライン会議ツールを使って TV 電話によるコミュニケーションを行います。最初は自己紹介から始まり、それぞれの国の文化や、身近な出来事、学校の紹介、芸能界の話題など、さまざまなトピックで情報交換します。2020 年には台湾と日本の高校 2 校ずつ、計 4 校で実施しました。2021 年度は大学生も対象に加え、日本と台湾、インドネシア、マレーシア、タイの 4 カ国を結んで異文化交流教育を進めています。

　英語によるコミュニケーションに慣れない生徒や学生たちは、最初こそ戸惑う様子を見せますが、すぐに打ち解けて楽しく交流し始めます。このようなことが簡単に実現できるのも、IT の進化が成せる技といえるでしょう。

---

† 　慣れてきたら、それぞれマンツーマンでコミュニケーションを図ることに挑戦することもあり
　　得ます。

5.4.3　分散開発とコミュニケーション

　ソフトウェア開発におけるコミュニケーションについても、少し考えをめぐらせてみましょう。現在のソフトウェア開発は、地球規模で行われることもしばしばあります。オフショア開発（offshore development）といって、海外の安い人件費で開発を進めたり、地球の裏側とチームを組んで 24 時間停止しない開発体制を組んだりと、インターネットを活用した分散開発（distributed development）が進められます。

　オープンソースソフトウェアも、インターネットを介して地球のさまざまな場所からプログラマが参加して開発が進められます。それぞれがソースコードの改良版を持ち寄り、よい機能が提案されればそれを取り込み、またバグの修正が行われればそのコードを採用し、より優れたソフトウェアへと発展させていきます。

　これらの分散開発で以前からしばしば利用されていたコミュニケーション手段は、メーリングリスト（mailing list）でした。開発に関する情報の共有や必要な議論はメールのやりとりで行うというものです。

　グローバルな開発では、どうしても時差の影響を無視できません。そのため、リアルタイムなオンライン会議は特別な場合に限る傾向がありました。もちろん、IRC（internet relay chat）というチャットシステムは昔から利用されており、緊急の議論はそのようなものを使って短時間に行っていました。しかし、たとえタイムラグがあったとしても、そのあとアーカイブされて後から参照できるメールのやりとりがちょうどよかったのかもしれません。

　スパム問題や読まれたかどうかの確認が不確かであること[†]など、SNS の台頭によって電子メールの存在感はかつてと比べるとだいぶ薄れています。しかし、まだまだ廃れないコミュニケーション手段として生き残っているのは、手紙と電話のいいとこ取りといった手頃感によるものかもしれません。

　なお、地球規模の分散開発でも、ときには対面してコミュニケーションを行うことが重要です。大規模な開発体制を敷いているオープンソースソフトウェアでは、年に一度、デベロッパーカンファレンスというような会議を開くこともあります。そこでは技術的な情報交換もさることながら、普段は顔を合わせ

[†]　電子メールにも開封確認（read receipt）という機能は昔からありました。しかし、あまり有効には活用されていないようです。

ることがない開発者どうしが、面と向かってコミュニケーションをとることが重要なのです。

　大規模なものでなくとも、すべてをオンラインのコミュニケーションで済ませるのは問題が残りかねません。開発者といえども人間です。人間どうしのコミュニケーションは、信頼関係を築くことが第一歩です。その信頼関係を、オンラインの薄いコミュニケーションだけで構築するのは至難の技[†1] です。「飲ミニュケーション」という言葉がありますが、たまには胸襟を開いたざっくばらんな対話をすることも大切でしょう。

5.4.4　ソースコードリポジトリ

　分散開発を行う際には、ソースコードそのものがコミュニケーションのツールになり得るともいえます。なぜならば、ソースコードは担当したプログラマによる渾身の作品だからです[†2]。プログラマは、ソースコードの読み書きを通じてコミュニケーションを行えます。

　大勢の開発者がソースコードを共有するために、ソースコードリポジトリ（source code repository）とよばれるデータベースが利用されます。ソースコードを一元管理し、世界中のどこからでもアクセスできるようにしておくのです。

　リポジトリに登録されたソースコードを複数の開発者が共有し、共同開発が行われます。第三者がソースコードをダウンロードしたり、コメントしたりもできます。リポジトリを介して、ソースコードを通じたコミュニケーションが

図 5.5　ソースコードを通じたコミュニケーション

[†1]　できないことはないでしょうが、困難であろうことが容易に予想されます。

[†2]　もちろん、他人が読んでわかるように、きちんとした形式で記述されて適切なコメント文が相応の場所に挿入されている必要があります。

行われます（図 5.5）。

IT 企業ではプログラマを採用する際に、その実力を確かめる手段としてこれらのリポジトリへの登録状況を確認することもあるそうです。デザイナが自分の作品をポートフォリオとして示すように、プログラマが自分の力量を示す手段としてソースコードリポジトリを活用する時代が来ているのかもしれません。

第 5 章では、身近な情報処理の具体例を、さまざまなシーンについて見てきました。

まず、人工知能の例を紹介しました。人工知能の歴史を振り返り、機械学習の仕組みや代表例を紹介しました。しかし、現在の人工知能は特化型の弱い人工知能であり、全知全能な人工知能を実現できる道筋はまだよくわかっていません。

次に、データ処理の例として、自然言語処理、統計処理、ノートブックアプリを紹介し、関連した話題としてオープンデータの概念を説明しました。ここで紹介した事例以外にも、地理情報処理や時空間データの取り扱い、さらにはビッグデータ処理など、現実社会では多様なデータ処理が行われています。

業務の自動化や効率化についても考えてみました。最近、流行している RPAや DX とは何か、業務効率化の本質は何かといったことについて触れました。具体例の一つとして脱ハンコについて触れました。

ICT はコミュニケーションも重要だということで、最後は IT によるコミュニケーションに焦点を当てました。流行している SNS だけでなく、オンライン会議ツールが普及していることにも触れました。オンライン会議ツールの普及は、COVID-19 パンデミックの思いがけない副産物だったかもしれません。さらに、分散開発とコミュニケーション、ソースコードリポジトリとは何かについても説明しました。

この章で学んだこと

- コンピュータの性能が格段に進化したことにより、人工知能が身近になって第三次人工知能ブームに至ったこと
- さまざまな形態のデータ処理が活用されていること
- 業務の効率化は業務分析が本質なので、対症療法ではいけないということ、また、その具体的な事例
- 身近な情報処理としてのコミュニケーション技術、各種ツールの進化

情報システムの
開発と運用

　この章では、情報システムの開発と運用にかかわる話題について学びます。

　まず、システム開発のモデルを考えます。ウォーターフォールモデル、スパイラルモデルなど、開発を行う作業工程の組み立てには、いくつかの考え方が存在します。それらのメリットとデメリットを理解し、適切な開発手法を選択できるようになりましょう。

　また、システムのライフサイクルという考え方も理解しておくべきです。企画して設計し、開発、運用を経て最後に廃棄するまで、ソフトウェアには人生に見立てたライフサイクルが存在します。さらに、それらをマネジメントするにはどうするか、具体的な手法の一つとしてバージョン番号の管理について触れます。最近では、運用と開発を一体化して進めるような手法も提案されています。

　具体的な開発を進める際に、スクラッチから（0 から）環境を用意して開発を進めるのは、よほど特殊な状況を除けば現実的ではありません。そこで、クラウドコンピューティングの項でも説明した IaaS や PaaS の利用について、実際の例を参照しながら学んでいきましょう。Web サービス API の利用や、分散コンピューティング環境を利用したシステム開発の事例などにも言及します。

　最後は、テストの重要性について解説します。テスト工程は、下流工程ともいわれて軽視されがちですが、品質の高いソフトウェアやシステムを実装し、サービスを確実に提供するためには必須です。ここでは、テストフレームワークの利用や、新たなバグを入れ込まないようにするための工夫について考えてみます。

6.1　システム開発の方法

　システム開発を成功に導くための第一段階は、開発手順をきちんと言語化して整理することです。そこでまず、システム開発の方法論について説明します。

そのうえで、いくつかの代表的な開発モデルを紹介します。従来の開発スタイルから現代的なものまで、その特徴を確認していきましょう。

6.1.1 開発プロセスという考え方

開発の手順をいくつかのフェーズ（phase）に分けて整理しようという考え方が、開発プロセス（development process）です。開発に着手してから完成するまでにはさまざまな手順を経ます。そのそれぞれを、きちんと段階を踏んで記述することで、いくつかのメリットが得られます。

通常、システム開発には多くの関係者が関与します。したがって、作っているものに対して、全員が共通認識をもたなければなりません。それぞれが勝手なことを考えていると、「船頭多くして船山に上る」状態になってしまいます。そこで、大勢で何かを作るときは、手順を明確に説明できるようにしておかなければなりません。

たとえば、家を建てるときは、土地を用意して設計図を作り、工事を経てようやく住めるようになります。各段階はさらに細かな工程に分かれており、多くの業者がかかわります。

システム開発も同様です。どのようなシステムが必要なのか検討を行うところからシステム開発はスタートします。最初のフェーズはすでにその時点で始まっているのです。その後、全体の概要から詳細までを詰める設計段階（design phase）、その設計に基づいてプログラムを組んでいくコーディング段階（coding phase）、さらに適切なコードが実装（implement）されて設計どおりになっているかのテスト段階（test phase）を経て、完成に至ります。

このように開発手順を言葉で記述しておけば、開発方法に関する共通認識をもてるだけでなく、手順の最適化（process optimization）にもつながります。

6.1.2 ウォーターフォールモデルとV字モデル

まずはウォーターフォールモデル（water fall model）です。これは、上から下へと水が流れ落ちていく滝のように、各フェーズを順序よく実施していくものです（図 6.1）。それぞれのフェーズが順当に終了した段階で、次のフェーズに移ります。

開発は、要求定義（requirement definition）から始まります。そのシステムで何を実現するのか、ユーザの要求は何かを定める重要なプロセスです。

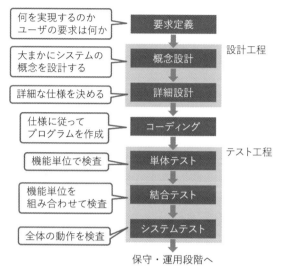

図 6.1　ウォーターフォールモデル

　要求定義に続くのは、設計のプロセスです。これは概念設計（conceptual design）と詳細設計（detailed design）に分かれています。まず大まかにシステムの概念を設計し、次にそれぞれを詳細化していくという作業手順です。

　設計が終われば、いよいよコーディング（coding）です。設計仕様書（design specification）に従い、プログラムを作成します。

　ひととおりコーディングが終わると、次はテスト工程（test process）です。この工程もまず、小さな機能単位（function unit）を単独で検査する単体テスト（unit testing）を行い、それらに合格したら結合テスト（integration testing）、さらに全体としての動作をテストするシステムテスト（system testing）に進みます。

　最後のシステムテストに合格すると、システムとしては完成し、開発段階は終了、運用・保守の段階に移ります。

　Ｖ字モデルは、ウォーターフォールモデルの発展系です。各フェーズを順序どおり進める点は通常のウォーターフォールモデルとまったく同じですが、設計の段階とテストの段階を対応づけます。

　単体テストを詳細設計に、結合テストを概念設計に、システムテストを要求定義に対応させて、それぞれ検証します。手順を図示すると図 6.2 のようにな

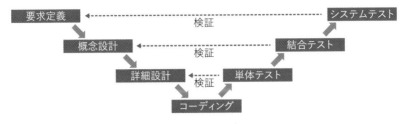

図 6.2　Ｖ字モデル

ることから、Ｖ字モデルとよばれています。このような対応づけにより、設計
で定めたことをテストで検証するという考えを、明確に表現したモデルとなっ
ています。

6.1.3　スパイラルモデルとアジャイル開発

　ウォーターフォールモデルはシンプルな開発モデルですが、複雑化した近年
の情報システム開発には適用しがたいところがあるのもまた事実です。開発の
方向性が間違っていたときには、前のフェーズに戻ってやり直す、手戻り
（reworking）が発生します。手戻りは、時間的にも費用的にも大きな無駄を生
じるため、できれば避けたい現象です。

　ウォーターフォールモデルは、ある程度、開発の方法がわかっているような
システム開発に向いています。しかし、まったく新しいチャレンジや、研究色
の強いシステム開発には向きません。

　そのようなシステムを開発するには、少しずつシステムの規模を大きくして
いくスパイラルモデル（spiral model）というシステム開発の手法が適してい
ます（図 6.3）。

　システムの全体像がわからないので、最初は小さいプロトタイプから始めま

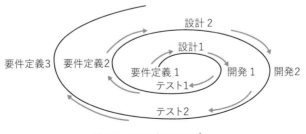

図 6.3　スパイラルモデル

す。図における要件定義 1 から設計 1、開発 1、テスト 1 のサイクルです。テスト 1 が終了した段階で、小さなシステムが出来上がっています。それを参考に、次のプロセスを回します。要件定義 2、設計 2、開発 2、テスト 2 のサイクルです。テスト 2 が終わった時点で、次のサイクルに入ります。要求定義 3 から始まるサイクルです。このサイクルを、システムが必要十分な機能をもつようになるまで、繰り返します。

このように、要件定義からテストまでのサイクルを何度も回していくことで、機能を追加し、バグを修正し、システムを完成に近づけていく開発スタイルがスパイラルモデルです。

スパイラルモデルの繰り返し期間を極端に短くし、1 週間から長くても 4 週間で一回りさせるような開発モデルがアジャイル開発（agile development）です。アジャイルという単語は聞き慣れない言葉かもしれませんが、日本語に訳すと、「敏捷な」とか「俊敏な」という意味です。アジャイル開発では、顧客と一体化して現場で開発（オンサイト開発、on-site development）します。このような開発スタイルを選ぶことで、手戻りのリスクは極力回避できるようになるでしょう。

XP（extreme programming）やスクラム（scrum）、クリスタル（crystal）、TDD（test driven development）など、さまざまなアジャイル開発のやり方が提案されています。

6.1.4　各開発モデルのメリットとデメリット

ここまで、ウォーターフォールモデル、スパイラルモデル、アジャイル開発を紹介しましたが、各モデルにはそれぞれ異なる適性があります。ウォーターフォールモデルは、開発方法がある程度想像できる場合に適しています。それに対して、スパイラルモデルやアジャイル開発は、開発方法が見通せないような場合に適しています。

もともと情報システム開発は、土木や建築の手法をまねて考えられました。システムの構成を表すアーキテクチャー（architecture）という言葉にもそれは表れています。建物を建築するやり方は、土台から順番に作っていけばいいので完成までの手順はある程度見えています。したがって、それにならってウォーターフォールモデルが考えられました。

しかし、もはや情報システムの開発は建造物の構築とは違います。現在使わ

れるような複雑な情報システムは、開発を始めた段階で完成形が見えているとは限りません。そこで、徐々に複雑度（complexity）を高めていくスパイラルモデルが考えられました。アジャイル開発は、それを突き詰めた開発方法といえます。IT の進化に伴い、情報システムがかなり複雑になっていることが認知され、現在では、ウォーターフォールモデルの限界が周知されるとともに、アジャイル開発のやり方が受け入れられるようになってきました。

　しかし、すでに述べたようにこれらの開発モデルも万能というわけではありません。スパイラルモデルやアジャイル開発は、スケジュールを立てにくいというデメリットがあります。どこまで開発したら完成なのかの基準が希薄なため、いつ終わりとなるのか判然としないのです。一方、ウォーターフォールモデルは、開始から終了までの見通しがよく、開発から運用までの予定が立てやすいというメリットがあります。表 6.1 に、それぞれのメリットとデメリットを挙げておきます。

表 6.1　各開発モデルのメリットとデメリット

開発モデル	メリット	デメリット	適しているシステム
ウォーターフォールモデル	・手順がわかっているので実行しやすい ・スケジュールを定めやすい	・手戻りが発生するリスクがある ・予定どおりいかない可能性がある	・類似した経験があるシステム ・ありがちなシステム
スパイラルモデル	・手戻りが発生しにくい ・確実にシステムを大きくできる	・スケジュールを定めにくい	・新規性の高いシステム ・いままでに経験したことのないシステム
アジャイル開発	・手戻りが発生しにくい	・つねに新しい手順に挑戦する必要がある ・スケジュールを定めにくい	・短期的に開発しなければならないシステム

6.2　システムのライフサイクルと運用

　人間と同様に、ソフトウェアやシステムにもライフサイクルがあります。それらの取り扱いをどうすべきか、適切な管理でよりよいものにするにはどうするかを考えましょう。後半では具体的なバージョン管理について考え、運用と開発を一体化して行う新しい考え方についても触れます。

6.2.1　ソフトウェアのライフサイクル

時代とともに情報技術はつねに進化し続けているので、どのようなソフトウェアであってもいずれは古くなり、終わりを迎えます。これを生涯に見立てて、ソフトウェアのライフサイクル（life cycle）といいます。これは、図 6.4 のように、

- 企画（planning）
- 設計（design）
- 開発（development）
- 導入（implementation）
- 運用（operation）と保守（maintenance）
- 廃棄（retirement）

という工程からなります。企画〜導入までは資金を投下してソフトウェア開発を行う投資フェーズで、人間でいえば社会に出るまでの教育期間にあたります。導入〜廃棄までの回収フェーズで、ソフトウェアを稼働させて利益を生み出し、投下資金を回収します。いわば社会人として独り立ちした状態です。これら一連の流れのことをソフトウェアライフサイクルプロセス（SLCP, software life cycle process）といいます。

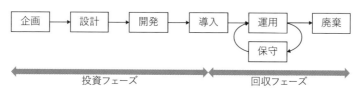

図 6.4　ソフトウェア（システム）のライフサイクル

SLCP は、1995 年に国際規格の ISO/IEC 12207 として標準化されています。それぞれの工程を規定して、そこで使われている用語を整理し、作業内容や対象の特定に齟齬が生じないようにしています。

日本では、翌年 7 月に JIS X 0160 という JIS 規格[†]が制定されています。この JIS X 0160 は、ISO/IEC 12207 を日本語に翻訳したものです。さらに、こ

[†]　この JIS 規格、以前は日本工業規格とよばれていましたが、2019 年 7 月に、関連する法律の改訂に伴い日本産業規格とよばれるようになりました。

の規格に基づいて、IPA が「ソフトウェアライフサイクルプロセス‒共通フレーム」(SLCP-JCF, Japan Common Frame) を策定しました。この共通フレームは、ソフトウェアライフサイクルプロセスが定義しているさまざまなプロセスに加えて、日本の事情などにも鑑みた修正を加えたガイドラインです。

SLCP-JCF は 1994 年に発表された「共通フレーム 94」に始まり、1998 年に改訂された「共通フレーム 98」、2007 年、2013 年にそれぞれ改訂された「共通フレーム 2007」「共通フレーム 2013」と、時代の流れに合わせた修正が何度も加えられて進化しています。

SLCP の国際規格や共通フレームのようなガイドラインは、業界で意識のすり合わせをする際の辞書として利用できます。それぞれの企業には独自の企業文化（corporate culture）があるので、システム開発や運用で利用している言葉が企業によって異なるかもしれません。しかし、お互いに協力して仕事をしたり、受発注したりする際には、用語を統一して認識を合わせておく必要があるでしょう。そのような状況においては、使用している用語の違いや内容を解釈する際の差異が原因でトラブルを招かないように、これらの標準やガイドラインを参照するようにすべきです。

6.2.2　プロジェクトマネジメントとプロダクトマネジメント

多くの場合、ソフトウェアやシステムを新しく作る活動はプロジェクト（project）として捉えられます。そして、プロジェクトを成功に導くためには、きちんとしたプロジェクトマネジメント（project management）が必要です。

プロジェクトを適切に管理して遂行する方法は、ISO 21500：2021 および ISO 21502：2020 という国際規格として定義されているほか、PMBOK（Project Management Body of Knowledge）や P2M（Project and Program Management）が有名です。いずれもプロジェクトを成功させるための方法論やノウハウがまとめられています。

しかし、ソフトウェア開発は往々にして、一つのプロジェクトとしてまとめられないことも多いので注意が必要です。それは、バージョンアップやアップデート、アップグレードといった作業が頻繁に起こり、全体として、部分的なプロジェクトが延々と続くという状況に陥りがちだからです。

次項で詳細に述べるように、ソフトウェアは企画・設計されたのちに開発が進められ、いくばくかの手順を踏んだうえで当面の完成版が作成されます。こ

こまでだけを考えると、立派なプロジェクトです。PMBOK では、プロジェクトは有期性をもつ、すなわち始まりと終わりがある一時的な活動としており、企画段階をスタート、完成版のリリースをエンドとすれば、プロジェクトの要件を満たします。

ところが、ソフトウェア開発はそれほど単純にはいきません。完成版のリリースは、ある意味で別のプロジェクトのスタートといえるかもしれません。通常、まったくバグのないソフトウェアが完成時点で実現できることは稀であり、多数のユーザが利用し始めると思わぬ使い方がなされることもあって、次々と不具合が報告†されます。

あるいは、多数の利用者が使っているうちに、新たな使い方や機能不足が指摘されるかもしれません。それらの要望は開発側にとっては宝の山です。なぜなら、よりよいソフトウェアやシステムへと成長させるネタになるからです。

それらの情報に基づき、ソフトウェアには何度も修正が加えられます。この活動には終わりはありません。あるとすれば、そのソフトウェアに対して誰も見向きもしなくなったときでしょう。製品として終焉を迎えた時点です。

すなわち、ソフトウェア開発やシステム開発には、プロダクトマネジメント（product management）の視点が必要なのです。アップデートや修正の作業を部分的に切り出して、プロジェクトマネジメントの手法で適切に運用することも大切です。プロジェクトマネジメントとプロダクトマネジメント、両方の知見を活用して、ソフトウェアやシステムをより素晴らしいものに成長させていく必要があります（図 6.5）。

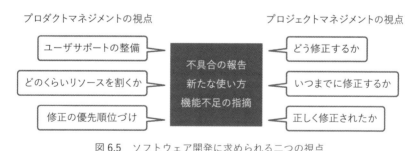

図 6.5　ソフトウェア開発に求められる二つの視点

---

†　バグレポート（bug report）といいます。また、これら見つかったバグを取り除いて修正することを、バグフィックス（bug fix）といいます。

6.2.3 バージョン番号

通常、ソフトウェアにはバージョン番号（version number）がつけられます。多くのソフトウェアは、段階的にリリースされます。開発も終盤に差し掛かり、ほとんどのバグが取り除かれた状況で、アルファ版（alpha version）が公開されることがあります。このアルファ版は、まだ動作が不安定かもしれないけれどとりあえずは使えるという状態です。

アルファ版で多くの物好き[†1]によって使われた結果、さらに不具合の修正や機能追加が行われます。次に公開されるバージョンは、ベータ版（beta version）とよばれます。アルファの次なのでベータというわけですね。同様にベータ版も挑戦者たちにより叩かれ、品質が向上します。

このような段階を経て、ほとんどの人が利用して問題ないと判断されたものが、実際の製品として公開されます。場合によっては念を入れて、RC版（release candidate version）とよばれる段階を経ることもあります。いずれにしても、長い開発過程を経て、最初のバージョンとして正式なソフトウェアがリリースされます。これが、バージョン1.0です。

ソフトウェアは人間による思考の産物であり、それにしては複雑すぎる製品です。したがって、バージョン1.0といえども完全に瑕疵のないものにするのは難しいという特性をもっています[†2]。そのため、少しずつでも修正を積み重ねていかないといけません。

慣習として、バージョン番号はメジャーバージョン（major version）とマイナーバージョン（minor version）の組み合わせで表現されます。上記の例でいえば、バージョン1.0とは、メジャーバージョン番号が1、マイナーバージョン番号が0です。メジャー番号とマイナー番号の間はピリオドで区切ります。場合によってはさらに番号を入れて、三つの数字で表すこともあり、もっと細かい修正は、パッチレベル（patch level）という番号で示すこともあります。この場合、最初に公開した1.0.0にちょっとだけ手を入れた、という場合は、バージョン1.0.0のパッチレベル1ということで、1.0.0 pl1と表記されます。

いくつかのバグを修正し、小規模な機能追加をしたというようなケースでは、

[†1] ロジャース（Everett M. Rogers）のイノベーター理論において、イノベーター（innovator）やアーリーアダプタ（early adapter）とよばれる人々です。

[†2] 完全にバグを取り切ったとしても、それを実行する環境がつねに進化しているので、やはり変化に合わせてつねにアップデートさせる必要があるのです。

マイナーバージョンアップ（minor version up）が行われ、マイナー番号が一つ増えます。大規模な改良をしたり、ユーザインタフェースを大幅に刷新したり、あるいは、まったく違う新しい概念を導入したりというようなケースでは、メジャー番号を更新してメジャーバージョンアップ（major version up）が行われます。

　通常、バージョンアップ時にも互換性を維持する後方互換性（backward compatibility）が考慮されますが、メジャーバージョンアップでは機能向上を優先して互換性は諦めることもあります。Python のバージョン 2 からバージョン 3 へのアップデートが典型例です。

　バージョン番号が偶数の系列と奇数の系列を区別して、安定版（stable version）と開発版（development version）を区別しつつ、2 種類の最新版（the latest version）を提供する方法があります。

　たとえば、偶数が安定版で奇数が開発版だとすると、安定版の系列は「3.0.0 → 3.0.1 → 3.0.2 → …… → 3.0.8 →（マイナーアップデート）→ 3.2.0 → 3.2.1」というものとし、開発版の系列は「3.1.0 → 3.1.1 → 3.1.2 → …… →（マイナーアップデート）→ 3.3.0 → 3.3.1」とする、といった感じです。ときおり、開発版で試された機能が安定して使えるようになると安定版にも反映されたり、どちらかの版で発見されたバグが修正されたものを他方にも適用したりと、相互は並行して開発していきます（図 6.6）。

図 6.6　安定版と開発版のバージョン系列

　このような考え方は、安定したバージョンを不安なく利用したいという一般ユーザと、多少不安定でもいいから最新の機能を使いたいという先進的なユーザの両方の需要を満たすという意味では優れた運用です。しかし、開発側は安定版系列と開発版系列の二つを保守していかねばならず、いささか煩雑です。

6.2.4 DevOps という考え方

ところで、開発と運用に関しては、双方のチームがサイロ化（siloed）[†1] しがちという問題も指摘されています[8]。そのため、開発チーム（development team）と運用チーム（operation team）の垣根を取り払い、双方が一体となって開発と運用を進める DevOps[†2] とよばれる手法が提案されています。ソフトウェア開発の観点から見ると、アジャイル開発のさらに進化したものとも考えることができるでしょう。

DevOps では、開発チームと運用チームが協力して作業を進めます。ときには、品質保証（quality assurance）を担当する QA チーム（quality assurance team）も一緒に活躍する場面が出てくるかもしれません。システムを運用しつつ、適宜、開発を進めていくためには、アジャイルのようなスピードが求められるほか、後述する継続的インテグレーション・継続的デリバリー（CI/CD, continuous integration and continuous delivery）の手法も活用されます。

DevOps の実現は、開発担当者だけが頑張っても難しいかもしれません。組織一丸となった体制作りが求められます。経営者に対するしっかりした説明を行い、その効果を示して説得する材料が必要となるでしょう。しかし、現在のようにシステム構築やサービス提供に以前に増してスピードが求められるような状況では、組織が一体となって対応する姿勢が重要なのではないでしょうか。

6.3 各種サービスの利用

4.4 節でクラウドコンピューティングの概要について説明しました。この節では、実際の利用例を紹介します。IaaS と PaaS の事例を紹介し、Web サービス API を使った分散コンピューティングの事例も示します。さらに、地球規模の分散コンピューティングの話題にも言及します。

6.3.1 IaaS の利用

IaaS（infrastructure as a service）は、データセンターの物理マシン上で動作する仮想マシンを、クラウドコンピューティングのサービスとして提供する

[†1] 日本語では「たこつぼ化」という表現のほうが一般的かもしれません。自分たちの殻に閉じこもり、自分たちだけに都合のよい解釈で物事を進めようという態度を指します。

[†2] development と operations から作られた、混成語あるいはかばん語です。

というものでした。IaaS が実現するまでは、データセンターのサーバを利用したいときは物理マシンの利用を申請し、サーバーラックに設置された物理マシンを人手によって調整してようやく使えるようになるという手間のかかるものでした。

しかし、IaaS が一般的になったいま、データセンターのコンピュータを利用する手順はいたって簡単です。多くの IaaS サービスでは、Web のインタフェースで仮想マシンを管理することができます（図 6.7）。利用する仮想マシンはインスタンス（instance）とよばれます。右上にある「＋インスタンスの生成」というボタンをクリックするだけで、新しい仮想マシンを一つ用意できます。

図 6.7　IaaS の利用例

IaaS の利用は、データセンターに置かれた物理マシンを借りて利用するこれまでの状況とほぼ変わりません。したがって、新しいコンピュータを好きなように設定して使えます。物理マシンと違い、ネットワークやストレージの構成も用意されているリソースの範囲で自由に設定して使えます。CPU の能力すら、必要に応じて増減できます。サービススタート時にはスモールスタートで、ユーザが増えてきたらリソースを増強して対応するというような使い方に適しています。

ただし、IaaS が提供する環境は、いわば素のコンピュータです。細かな設定をしたり新たなサービスを提供したりするには、相応の知識が求められるでしょう。

6.3.2　PaaS の利用

続いて、PaaS（platform as a service）の利用例です。PaaS は、アプリケーショ

ン構築に必要なプラットフォーム（platform）、すなわち OS とミドルウェア、各種のフレームワークやライブラリ、データベースなどを提供してくれます。PaaSのユーザは、それらを利用して自らのアプリケーションを構築、インターネット上で公開し、ほかのエンドユーザに対して簡単にサービスを提供できます。

図 6.8 はセールスフォース・ドットコム（Salesforce.com）が提供するHeroku[†]という PaaS サービスの利用例です。Heroku はさまざまなプログラミング言語に対応しており、使い勝手のよい PaaS のプラットフォームです。

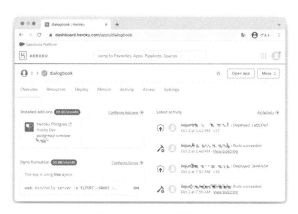

図 6.8　PaaS の利用例

PaaS はアプリケーションの構築と運用に必要なパーツやツールを一式まとめて提供してくれるので、PaaS を利用すれば、自前のアプリをサーバに展開し、インターネットを介してサービスを提供する手順を簡単に実現できます。アプリの開発から公開、運用までは、数個のコマンドを打つだけです。ローカル環境でアプリケーションを開発し、その動作が正しいことを手元でテストできたら、コマンドを叩いてソースコードやリソースなどをサーバにアップロードすれば、アプリが動き始めます。

フレームワークを利用してアプリを作っている場合のように、ある程度、型にはまった環境でアプリを開発しているようなケースでは、PaaS の利用が適しています。どの PaaS でも、主要なフレームワークには対応しているでしょう。

---

†　https://heroku.com/

6.3.3　Web サービス API

3.1 節「情報システムのモデル」で説明したように、ユーザと情報システムの間にはユーザインタフェースがあり、ユーザはそのインタフェースを介して情報システムが提供するサービスを利用します。ここで、ユーザの代わりに別の情報システムがそのサービスを利用できるとしたら、どうなるでしょうか。システムとシステムの間に情報をやりとりするなんらかのインタフェースがあれば、両者のシステムは連携して動作できるようになるでしょう。

Web アプリが提供するサービスを、別の Web アプリが利用できれば、また新しい価値を生み出せるかもしれません。それを実現するために用意されている機構が、Web サービス API（web service application programming interface）です。それらの API に HTTP(S) でリクエストすると、JSON 形式や、XML 形式のデータがレスポンスとして戻されます。プログラムはそのデータを読み込んで、自らの処理で利用します。

5.2 節「データ処理」で紹介した TWtrends のシステムでは、Twitter が提供する Web サービス API を利用しています。TWtrends を構成するプログラムは、Twitter が提供するトレンドの情報を提供する API と、それぞれのトレンドをキーワードとしてそれらを含む最新のツイートを取得する API を利用し、解析する情報を Twitter から得ています。

Web サービス API の利用はネットワーク経由でサーバのリソースを消費するため、実際の利用は有料・無料を問わず登録制になっているケースが多いようです。アクセスキー（access key）とよばれるパスフレーズ（pass phrase）とともに呼び出すことで、登録済みのアプリケーションであることを証明するなどの方法がとられます。

Twitter の Web サービス API を利用するためには、Twitter の開発者登録が必要です。登録すると Twitter Developer Portal が使えるようになります。そこには、API を利用するためのアクセスキーを取得したり、API の利用に関する情報を取得したりと、Twitter API 利用に関するさまざまなリソースが用意されています。

6.3.4　並列・分散コンピューティングから超分散コンピューティングへ

Web サービス API を活用して新たなサービスを作ることを、マッシュアップ（mashup）といいます。もともとは音楽用語で、複数の音源を組み合わせ

て新たな音楽を作り出すことをマッシュアップとよんでいたそうです。それにならって、複数の Web サービスを組み合わせて新しいサービスを作ることをマッシュアップとよぶのです。

Web サービスのマッシュアップでさらに別の Web サービスを提供する、そのような Web サービスのエコシステムが作られれば、サイバー空間で多様な価値が生み出されます。インターネット上で、Web サービス API を介して緩やかにつながった超分散コンピューティング（super-distributed computing）が実現されているのです。

4.1 節「クライアント・サーバシステム」で、情報処理の主流がメインフレームから分散処理へと推移したことに触れました。現在では、さまざまな形態の並列処理（parallel processing）や分散処理（distributed processing）が行われています。

図 6.9 に、各種の並列・分散処理を示します。処理のプロセスが最も密に結合しており、それぞれの通信速度も高速なものは、マルチコア CPU を用いた並列プログラミングでしょう。最近の CPU は複数の演算装置（コア）を内蔵しています。さらに、CPU を複数搭載したマルチ CPU マシンも普及しています。

もう少し大規模なものとしては、コンピュータを複数台、高速のネットワー

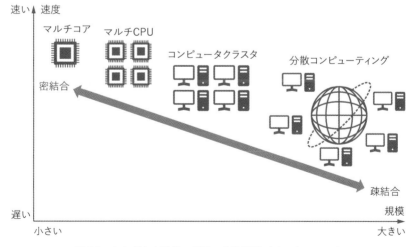

図 6.9　さまざまな形態の並列・分散処理プラットフォーム

クで接続して並列処理を行うコンピュータクラスタ（computer cluster）があります。さらにそれを地球規模にした分散処理環境が、Web サービスを利用した分散コンピューティング環境だといえるでしょう。

6.4　テストの重要性

テスト工程は重要です。ソフトウェアは人間の頭脳労働による複雑な成果物なので、完全なものを一発で作り上げるのはなかなか難しいのです。システムの品質を確保するために、テストを繰り返して問題が発生しないように予防することが大切です。この節では、テストに関連する話題を取り上げます。

6.4.1　なぜテストが必要なのか

ウォーターフォールモデルや V 字モデルを思い出してください。システム開発の後半、コーディング以降はすべてテスト工程です。それは、それだけテスト工程が重要だという表れでもあります。

目に見える建築物や製造物と異なり、ソフトウェアのほとんど[†]は目に見えません。しかも、ちょっとしたテストプログラムならいざ知らず、実用上利用されるプログラムは複雑な構成を備えています。したがって、プログラムが設計どおりコーディングされているかどうか、確認する手段が必要です。

そもそも、設計そのものが正しい設計になっているかどうかもなんらかの方法で確かめなければいけません。当初要求された事項を適切に実現できているかどうか、最終的にはきちんと確かめなければならないでしょう。そのために、単体テスト、結合テスト、システムテストなどのテスト工程が必要となっているのです。

プログラムの動作のすべてをテストすることはなかなか難しいのですが、多くの可能性を考えてテストするという姿勢は重要です。

プログラムは、制御構造で分岐を繰り返します。また、入力される情報はバラエティに富みます。数値が入力されることを想定していても、ユーザは気まぐれなので、文字が入力されるかもしれません。入力されるデータを厳密に取

---

†　画面上の描画やロボットのコントロールなど、プログラムによる情報処理の結果が目に見える場合もあります。

り扱いたければ、自由に入力できるようなインタフェースではなく、プルダウンメニュー（pull-down menu）のような制約つき入力とすべきです。いずれにしても、プログラムの進行に伴い実行状況を場合分けすると、その数は膨大なものとなるでしょう。

それらの状況に対してどれだけのテストが対応しているかの割合を、テストカバレッジ（test coverage）といいます。テストカバレッジを高めて、確実にテストすることが大切です[†1]。

6.4.2 テストフレームワークの利用

テストを確実に実行するために、通常は、テストのためのコードを用意します。大きなシステム開発プロジェクトでは、テストを専門的に担当する技術者のテストエンジニアもいます。

テストのためのコードを用意する際に、多くのテストコードをシステマティックに扱うテストフレームワーク（test framework）が提案されています。そのようなフレームワークを活用すると、テスト工程の生産性が向上します。テストフレームワークのなかには、カバレッジ率（coverage rate）を計算して示してくれるようなものもあります。

表 6.2 は、さまざまなプログラミング言語で利用できる、単体テストフレームワーク（unit test framework）です。多くの言語で単体テストを効率的に実行するためのフレームワークが用意[†2]されています。

単体テストだけでなく、ユーザの動作をエミュレート（emulate）するようなテストフレームワークもあります。

Web アプリの利用時、ユーザの操作は Web ブラウザ経由で行います。最近の Web アプリではブラウザとサーバ間で複雑なやりとりが行われることもあり、HTTP(S) を直接話すようなテストプログラムではユーザ操作の代わりにならないこともあります。

そのようなときに、画面を表示しない Web ブラウザであるヘッドレスブラ

[†1] ただし、テストを確実にするといっても、テストカバレッジを 100% にするのは困難で、現実的ではありません。テストカバレッジを高めるとともに、ありがちな状況を再現するテストなど、効率のよいテストを行うことを心がけましょう。

[†2] プログラミング言語の処理系が公式なライブラリとして用意しているケースもあれば、サードパーティが提案しているものが広く認知されて普及しているケースもあります。いずれにしても、このようなツールを活用して効率的にテスト作業を実行することが大切です。

表 6.2　各種のプログラミング言語で利用できる単体テストフレームワーク

フレームワーク名	対応言語
CUnit	C
CppUnit	C++
JUnit	Java
JsUnit	JavaScript
PyUnit	Python
PHPUnit	PHP
RubyUnit	Ruby

ウザ(headless browser)が利用されることがあります。テストプログラムがヘッドレスブラウザ経由で Web アプリを操作することで、Web アプリのユーザ操作に関するテストを実現できるのです。

6.4.3　CI と CD（継続的インテグレーションと継続的デリバリー）

　この章で先に説明した DevOps を実現する一つの技術トピックとして注目されている考え方が、継続的インテグレーション（continuous integration）と継続的デリバリー（continuous delivery）です。頭文字を取って CI/CD と表されることもあります。コードを修正したらすぐにテストし、運用に反映するという考え方です。

　コードを修正したり追加したりという変更を加えたら、ソースコードリポジトリに変更をコミット（commit）します。変更されたコードはテストしなければなりません。そこで、コードの変更を検知したら自動的にテストが実行するような仕組みを用意しておきます。このようなテスト自動化（test automation）を実現することで、開発と運用がよりシームレスに接続され、DevOps に至るというわけです。

　一連のテストにパスすれば、コードの変更は問題ないと判定して差し支えありません。したがって、その結果はすぐに本番環境に反映されます。開発環境での修正が自動テストを経て問題なく本番環境に反映される、この一連の動作を自動で行うことにより、運用で生じたさまざまな課題をすぐに解決できるようにすることが、CI/CD の目的です。

　これらの一連の作業を手作業で行うのは、非効率きわまりありません。また、

表 6.3　代表的な CI ツール

ツール	特徴
Circle CI	クラウドサービスとの親和性が高く、GitHub などクラウドベースのバージョン管理システムと連携して利用できる
GitLab	比較的新しいツールで、開発サイクル全体に適用でき、DevOps を意識したツールとなっている
Jenkins	CI/CD に関するツールとしては定番のソフトウェアであり、歴史も古い。多くの開発者に支持されていて導入実績が豊富

手作業による操作では、操作ミスが発生するリスクも残ります。そこで、これらの作業を自動で実行するようなツールがいくつも提案されています（表6.3）。

6.4.4　リグレッションテスト

　テストフレームワークを活用し、CI/CD を実現したときに、注意しなければならないミスは、コードの修正に伴い既存の機能を損ねてしまうことです。ある不具合を修正しようとして、そのバグは取り去ることができたとしても、その修正の影響で動いていた機能が動かなくなってしまった、というケースはたまに起こります。大きなプログラムは複雑怪奇な依存関係をもっていることがあり、ある箇所を変更すると、別の箇所に影響をきたすということはよくあります。コードの修正で既存の機能を破壊してしまうことを、デグレードした（degraded）、あるいはデグレーション（degration）といいます。

　デグレードを防ぐにはどうしたらよいでしょうか？　答えは、それまでのテストをすべて積み重ねていけばよいのです。新しい機能を追加したとき、あるいは特定のバグを修正したときに、そのためのテストを用意することはもちろんですが、それまで検証していたテストもそのままテスト工程に組み込んでおきます。

　このようにすれば、もし、新たなコードの修正で既存の機能を破壊してしまったとしても、その機能に対するテストでエラーが発見できるでしょう。テストの数は増えていきますが、テスト工程を自動化しておけば、作業の手間は増えません。

　このような、既存のコードに対する累積的な一連のテスト（テストスイート、test suite）のことを、回帰テスト、あるいはリグレッションテスト（regression test）といいます†。リグレッションテストを用意しておけば、コードの修正が既存の機能を破壊していないかどうかをきちんと確認できます。

　なお、リグレッションテストはその性質上、テストの数が単調増加するという特徴をもっているため、テストの自動化は必須です。リグレッションテストでシステム全体の品質を担保するためにも、テスト自動化は避けては通れない技術といえるでしょう。

　テストの数が増えると、テストにかかる時間も増えてしまいます。そのため、コードの修正が及ぶ範囲を見定めておき、日常的には部分的なリグレッションテストを実行し、大幅な変更を加えたときに全体にわたるリグレッションテストを実施するなどの工夫も有効かもしれません。

　いずれにしても、修正が大きな範囲に影響しないように、システムを設計する際にはモジュラリティ（modularity）を高め、それぞれの部分が相互に依存しないようにするという工夫が必要です。システムをサブシステムに分け、さらにいくつかのモジュール（module）に分ける、そしてその間のインタフェースはきっちりと定義することで独立性を高めるような工夫を行うことで、リグレッションテストの範囲も限定できるのです。

────────────────── 第6章のまとめ

　第6章では、情報システムの開発と運用に関する話題を解説しました。
　システム開発の方法論について説明し、代表的な開発モデルであるウォーターフォールモデル、V字モデル、スパイラルモデルの特徴を解説しました。さらに、スパイラルモデルの繰り返し期間をより短くし、現場のニーズに的確に対応するためのアジャイル開発も紹介しました。ウォーターフォールモデルによる開発もアジャイル開発も、それぞれ一長一短があるので、状況に応じた適切な開発スタイルをとることが重要です。
　続いてシステムのライフサイクルと運用について考えました。ソフトウェアにはライフサイクルが定義されていること、プロジェクトマネジメントだけでなくプロダクトマネジメントを考えなければならないこと、そして具体的な管理方法の一つとしてバージョン番号による管理があることを紹介しました。DevOpsという考え方が最近は注目を浴びているということにも触れました。

────────────

†　退行テストということもあります。プログラムが昔の状態に退行していないかどうかをテストするという意味合いですね。

　実際の開発の具体例として、IaaS や PaaS の利用例を紹介しました。Web サービス API を活用した分散コンピューティングが進化していること、並列処理から超分散処理へと、情報処理環境が拡がっていることも紹介しました。

　この章の最後はテスト工程の重要性について述べています。なぜテストが重要なのかを解説した後で、テストを確実に実行するためのテストフレームワークの利用方法を紹介し、CI/CD やリグレッションテストという方法論について学びました。

―――――――――――――――――― この章で学んだこと ―

- 開発プロセスの考え方とさまざまな開発モデル、そのメリットとデメリット
- システムのライフサイクルという概念、管理方法
- 各種サービスを具体的に利用する方法と、分散コンピューティングに至る道筋
- テストの重要性と、テスト自動化など、効率的かつ具体的なテストの実施方法

情報システム開発の
文化的側面

　この章では、情報システム開発の文化的な側面に焦点を当てて、いくつか
のトピックについて考えてみましょう。

　まず、情報システム開発に携わる技術者のあるべき姿を考えます。情報技
術の進化する速度は衰えず、ドッグイヤーだのラットイヤーだのといわれる
速さです。そのなかで置いていかれないようにするには、日々、勉強を続け
なければなりません。独学で勉強するのも大変なので、勉強会や研究会に参
加するとよいでしょう。

　業界では、勉強会や研究会だけでなくさまざまなイベントが行われていま
す。そのようなイベントを主催するのはコミュニティです。IT 業界にはたく
さんのコミュニティがあり、それぞれ役割を担っています。コミュニティに
加わり、イベントに参加すると、勉強になるだけでなく人的ネットワークも
構築できます。

　章の後半では、オープンソースソフトウェアについて説明します。オープ
ンソースソフトウェアを支えるのは、おもにそのソフトウェアを開発するエ
ンジニアたちですが、それだけではありません。どのような人たちが、どの
ようなモチベーションで開発に加わっているのでしょうか。また、オープン
ソースソフトウェアはどのように使われているのでしょうか。

　オープンソースソフトウェアでもう一つ重要な概念は、ライセンスの考え
方です。ある種の紳士協定のようなものとみなされがちですが、ライセンス
の遵守に裏づけられて、いまのオープンソース活用があります。ライセンス
を適切に理解して、ライセンスとして明文化された信頼関係に基づき、適切
な利用を心がけねばなりません。

7.1　生涯学習としての技術習得

　IT 業界は、ほかの業界に比べると歴史は浅い業界です。さらに、技術の進
化が速く、油断していると所有している技術がすぐに陳腐化するという恐ろし

さもあります。そのなかで活躍するには、日々、勉強を重ねることが求められます。生涯現役で、リタイアするまでずっと勉強、新しいことにつねに挑戦する心がけが大切です。

7.1.1　崩れたエンジニア35歳引退説

かつて、情報処理の技術者は35歳引退説、すなわち35歳を過ぎたら使いものにならなくなるという言説がしばしば流れていました。本当にそうなのでしょうか。

確かにコーディングは集中力を必要とする作業です。また、人間は加齢により集中力が衰えていくことも、多くのシニアが経験している事実です[†1]。しかし、ソフトウェア開発者の年齢がコードの理解力やコードレビューに与える影響を調べた村上らの研究[9, 10]によると、ベテランエンジニアと若手エンジニアの間で大きな差はなかったそうです。体力的な衰えを、経験が裏打ちして補強するのかもしれません。

35歳引退説がしばしば語られる背景には、ちょうどその年齢になると管理職に昇進することが多いという日本企業の事情が関係しているのではないでしょうか[†2]。コーディングやデバッグは若手の仕事とばかり、コーディング作業を軽んじている文化も若干透けて見えてきます。しかし、プログラミングをしなければソフトウェアやシステムは完成しません。実装に携わる重要な作業です。けして軽んじてよいものではありません。

また、IT業界が成熟し、システムがレガシーシステム（legacy system）とよばれて資産的な扱いを受けるようになったり、それらのシステムを最新のものに刷新するレガシーマイグレーション（legacy migration）とよばれる作業が必要になったりしました。それらの取り扱いには、過去の経験が大きな意味をもちます。

さらに、これまで培われてきたソフトウェア資産の活用を考えると、ベテランエンジニアのもつノウハウは貴重な資源です。逆に、管理職や経営層がエンジニアリングの知識をもたずに情報システムにかかわるのは大変危険です。昨今いろいろなところで発生している大規模なシステム障害の背景には、情報シ

[†1]　何を隠そう私もそうです。50を過ぎて、集中力がめっきりと落ちました。
[†2]　余談ですが、私のかつての上司は部長になっても自ら進んでコーディングを行うバリバリのエンジニアで、「デバッグ部長」というあだ名がつけられていました。

ステムに対する経営層の無理解があると指摘されています[11]。複雑化し、社会と密接にかかわるようになった情報システムに対する十分な理解が、企業の健全経営や組織運営に求められる時代になっているのです。

7.1.2　ドッグイヤーとマウスイヤー

コンピュータが発明されてから半世紀あまりしか経過していません。歴史の浅い IT 業界ですが、その技術革新のスピードは目まぐるしいばかりです。その速さを犬の短い一生にたとえて、当初はドッグイヤー（dog year）といっていました（犬の 1 年は、人間の 7 年に相当するそうです）。しかし、予想以上に速いスピードで技術が進化したため、いまではマウスイヤー（mouse year）やラットイヤー（rat year）とよばれるようにもなっています[†]。いずれにしても、IT 業界における技術の進化は驚異的なスピードで進んでいるといえます。

ドッグイヤーやラットイヤーを象徴する現象の一つに、ムーアの法則（Moore's law）とよばれる法則があります。これは、Intel の創業者の一人であるゴードン・ムーア（Gordon E. Moore）が 1965 年に論文で発表した法則で、集積回路（IC, integrated circuit）に実装される部品の点数が毎年 2 倍のペースで増加するというものです。1975 年には、2 年で 2 倍となると若干修正されたものの、実際にこのペースで部品の小型化と集積化が進み、現在は小さな面積に超高密度に部品を詰め込んだ、大規模集積回路（VLSI, very large-scale integrated circuit）が実現されています。

ムーアの法則の恐ろしいところは、一定期間に 2 倍になるという性質が長い間続いたことにあります。実装面積がたいして変わらないのに対して、部品点数は指数関数的に増加しました。これは、部品一つひとつの大きさがとても微細になり、精密に作れるようになったことを意味します。部品点数が爆発的に増えていったことに合わせて、コンピュータが動作するタイミングを定めるクロック周波数（clock frequency）も急激に向上しました。その結果、1 秒間に何百万個の命令が実行できるかを表す、MIPS（million instructions per second、100 万命令毎秒）値も膨大なものになりました。

このように、コンピュータの性能がドラスティックに向上したため、情報処

[†]　さらに短い生涯をもつもののたとえで昆虫を挙げ、インセクトイヤー（insect year）ということもあるとか。さすがに極端すぎるのでは？　と思いますが。

理に利用される技術もまた次々と進化しています。したがって、日々、技術を
キャッチアップしていかねばならないのです。

社会人の学び直し教育、いわゆるリカレント教育で学び直すエンジニアも多
く現れました。また、最近ではリスキリング（reskilling）という言い方もされ
るようになっています。リカレント教育にせよリスキリングにせよ、昔の知識
では太刀打ちできないところを補うという意味では非常に重要な姿勢です。

ムーアの法則はそろそろ頭打ちになってきたようですが、技術革新の流れは
まだ続きそうです。ぼやぼやしているわけにはいきません。日々これ勉強です。
できるところからでも少しずつ学んでいくようにしましょう。

7.1.3 IT 勉強会カレンダー

IT 業界では、勉強会と称する集まりが、ほぼ毎日、行われています[12]。
COVID-19 パンデミックをきっかけに、オンラインでの開催も増えているよ
うです。これも、第 5 章で紹介したオンライン会議ツールの恩恵といえます。

現在、勉強会の情報をカレンダー形式で集約するサービスが、いくつか提供
されています。株式会社ビープラウドが提供する IT 勉強会プラットフォーム
「connpass」[†1] は、イベントの参加登録管理を行う機能がメインではあるもの
の、カレンダー形式での表示もできるようになっています。同様に、パーソル
イノベーション株式会社が運営する、IT に関するイベント情報を集約して提
供する「TECH PLAY」[†2] も、IT 勉強会の一覧をカレンダーで表示する機能を
提供しています。

図 7.1 は、「connpass」が提供する IT カレンダーのスナップショットです。
2021 年 8 月における IT 勉強会カレンダーの一部を引用したものです。平日、
週末を問わず、毎日、なにがしかの勉強会が、多数開催されています。ざっと
眺めてみて、おもしろそうなイベントがあれば参加してみるとよいでしょう。

7.1.4 勉強会から研究会へ

勉強会に参加して新しい技術を学んでいこうというその姿勢は立派なもので
す。先に述べたように、マウスイヤーで技術が進化する IT 業界においては、

[†1] https://connpass.com/
[†2] https://techplay.jp/

図 7.1　IT 勉強会カレンダーの例

　新技術のキャッチアップが活躍の明暗を分けることになるかもしれません。こ の業界で生き抜くためには生涯勉強が必要ですと、先ほど説明したばかりです。

　ただし、漫然と勉強会に参加しているだけではあまり意味がありません。な かには、勉強会それ自体にはあまり興味がなく、勉強会後に開催される懇親会 を目当てに参加する人もいるそうです。人的ネットワークを構築する点には多 少の意味があるとはいえ、あまり褒められた態度とはいえません。

　勉強会にも限界はあります。それは、しょせん既存の技術を勉強し、後から キャッチアップするだけだということです。もちろん、新技術をしっかりと学 び、自分の仕事に有効活用することは大切です。しかし、それだけでは他人の 後塵を拝するだけで終わってしまいます。

　勉強した成果は、なんらかの方法でさらに発展させることが望ましいところ です。そのような成果発表の場として、学会が定期的に開催している研究会や、 業界団体が開催するハッカソンなどに参加するとよいでしょう。ハッカソンに ついては後述するとして、ここでは研究会について説明します。

　研究会では自らが考案した成果を報告します。そもそも、研究には有効性 （effectiveness）、妥当性（validity）と新規性（novelty）が求められます。その 成果に意味があること（有効性）、その成果が導かれた手順は妥当であること（妥 当性）、そして、その成果は新しいものであること（新規性）です。有効性と 妥当性も大事ですが、新規性がとても重要です。研究だけでなく、新しいサー ビスを生み出すとき、あるいは新しいビジネスを生み出すときにも、既存のあ りきたりなものでユーザを惹きつけることは難しいでしょう。新規な何かを生

み出すことが大切なのです。

　勉強会で新しい技術を学んだら、ぜひ、自らの付加価値を創造してその成果を研究会で発表しましょう。さらに先の一歩を踏み出してほしいところです。産学連携、あるいは産官学連携が推進されている一方で、産業界と学界の交流がなかなか進まないのも事実です。企業の皆さんが積極的に研究発表を進めるとともに、学界も産業界に積極的にアプローチすべきではないでしょうか。

　研究会は研究発表の入口です。研究会での発表は査読（レビュー）もないことが多く、気軽に参加できるはずです。研究会で自らの成果を発表すると、参加者から多様なフィードバックを得られます。ときには厳しい意見をもらうこともあるかもしれません。しかし、それもしっかりと受け止めて、改善につなげていくべきです。

　研究会での小規模な発表に慣れたら、国内シンポジウムなど、少し大きな会場での発表に挑戦してみましょう。さらには国際会議で世界に向けて発表できれば、皆さんにとっても新たな世界が開かれるでしょう。最終的には、学術雑誌に論文として発表できればそれは大きな成果です（図 7.2)[13]。

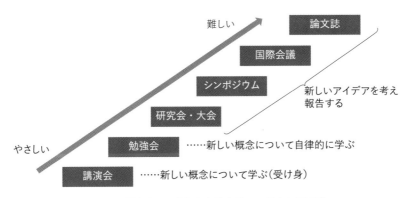

図 7.2　講演会への参加から論文誌での発表に至る道

7.2　コミュニティへの参加

　勉強会も研究会も人の集まりであり、コミュニティ活動です。新しい技術をキャッチアップする手段として、現在は SNS などのネットメディアも重要ですが、やはり、人と人とのつながりは無視できません。この節では、そのよう

なコミュニティへの参加について考えてみます。

7.2.1　さまざまなコミュニティ

コミュニティ（community）とは、人の集まりのことです。前節で紹介した勉強会もコミュニティの一つといえるでしょう。あるいは、特定のコミュニティがテーマに沿って勉強会を開くということもしばしば行われています。学会活動も、ある種のコミュニティといえます。アカデミアという大きな枠組みのなかで、さまざまなテーマに興味をもつ研究者がいくつものコミュニティを形作って研究活動を進めています。学校の部活やサークル活動もコミュニティです。地域のボランティア活動なども、コミュニティ活動といえるでしょう。

後述するオープンソースソフトウェア開発では、そのソフトウェアの開発に加わりたいというソフトウェア技術者たちが自発的に開発へ参加しています。その開発部隊のことを、開発コミュニティ（development community）といったり開発者コミュニティ（developers community）といったりします。

多くの開発コミュニティは、インターネットで緩やかにつながっている団体です。とくに団体の規約があるわけでもなく、開発コミュニティへの加入や脱退も、なにか手続きがあるというわけではありません。バグ修正のパッチをメーリングリストに投稿する、追加機能のリクエストを送るなど、開発に関するなんらかの活動を行えば、すでに開発コミュニティに触れたといってよいでしょう。

そのような活動を重ねていくと、そのうちにコミッタ（committer）とよばれる立場を与えられるかもしれません。コミッタとは、ソフトウェアに正式な変更を与えることができる権限をもつ役割です。開発コミュニティでは、「優しい終身の独裁者（benevolent dictator for life）」とよばれるコミュニティを束ねる人物[1] が、全体を緩やかに統括するケースが多く、とくにかっちりしたルールのもとで活動をしているコミュニティは稀です。そのソフトウェアの創始者が優しい独裁者的立場をとることが多いようですが、ときとして開発方針の対立からコミュニティが分裂する[2] こともあります。しかし、それでも開発が分かれて続くのはおもしろい現象です。

---

[1]　代表的な「優しい独裁者」としては、Linux の創始者であるリーナス・トーバルズ（7.3.2 項参照）が挙げられるでしょう。

[2]　プロジェクトのフォーク（fork）といいます。

7.2.2 互助会としてのユーザコミュニティ

ソフトウェア開発に関係するコミュニティを考えてみても、いろいろなコミュニティが存在します。開発コミュニティに参加して自らのアイデアを形にできれば、それはおもしろい活動になるでしょう。しかし、開発に加わるばかりがコミュニティ活動ではありません。ここで紹介するユーザコミュニティ（user community）や、開発を支援するサポーター的な活動を行うコミュニティもあります。

ユーザ会（user group）とよばれるコミュニティがあります。特定のソフトウェアについて、そのユーザの皆さんが作るコミュニティです。昔は、国外で作られたソフトウェアがクチコミで広まることも多く、英語のドキュメントしかないというような状況がしばしばありました。したがって、サポートしてくれる販売会社もないそのようなソフトウェアを使いたいユーザたちが、お互いの情報交換のためにユーザ会を作ることもありました。さながら、ソフトウェア利用に対する互助会のようなコミュニティです。

オープンソースソフトウェアのユーザ会は、ユーザが自発的に集まって形成するコミュニティですが、商用ソフトウェアの場合は、開発企業、あるいはそのソフトウェアやサービスを販売する企業が音頭をとってユーザ会を組織することがあります。企業がユーザ会をまとめることにはそれなりの意味があり、たとえば会員を対象としてイベントを行えば、それは営業活動の一環になります。また、会員からバグレポートや機能改善要望を聞くなど、開発に対する意見を集められるメリットもあります。

ミドルウェアの一つとして国際化（internationalization）†の枠組みが普及しており、いまの多くのオープンソースソフトウェアは国際化の準備が整っています。この仕組みを使えば、画面上の部品、ボタンやメニューのラベルや、エラーメッセージ、各種の情報が、プログラムの再コンパイルをすることなく、言語リソースを新たに用意して言語設定を変えるだけで、特定の言語で表示できます。

ただし、その言語リソースは誰かが用意しなければなりません。ユーザ会の有志がそれらのリソースを用意して、開発コミュニティに提供することがあり

---

† 英文では長いので、最初の「i」と最後の「n」の間の文字数18を使って、「i18n」と表記されることがあります。似たような概念で多言語化（multilingualization）や現地語化（localization）という言葉もあり、それらも m17n あるいは l10n と表記されることがあります。

ます。そのような活動は、とくにプログラミングの技術を必要としません。ソフトウェアで用いられている用語を翻訳できればよいだけです。それでも、その活動は開発コミュニティからもウェルカムで、立派な貢献になり得ます。

　翻訳を主として活動するようなコミュニティを、とくに翻訳コミュニティ（translation community）とよぶことがあります。このように、ソフトウェア開発にかかわるコミュニティにも、さまざまな形があることがわかります（図7.3）。

図 7.3　ソフトウェアをめぐるさまざまなコミュニティ

翻訳コミュニティ

開発コミュニティ

ユーザコミュニティ

7.2.3　イベントへの参加

　新しい技術や知識の習得や、人的ネットワークの構築を目的とするならば、イベントへの参加は大変効果的です。勉強会や研究会を含む、多様なイベントが日々開催されているのはすでに説明したとおりで、あとは実際に参加するだけです。

　腕に覚えがあるならば、ぜひ、ハッカソン（hackathon）に挑戦してみてはいかがでしょうか。ハッカソンとは、テーマが与えられて一定時間でソフトウェア開発の技術を競うイベントのことで、ハック（hack）とマラソン（marathon）を組み合わせた造語です。

　ちなみにハックとは、問題をスマートに解決するような振る舞いのことをいいます。すなわち、ハッカー（hacker）は優れた問題解決能力の持ち主に与え

られる称号であり、決して悪者を意味するものではありません。ハッキング
（hacking）というと、システムに忍び込んで破壊活動を行うイメージをもたれ
がちですが、そのような破壊活動はハッキングではなくクラッキング（cracking）
とよばれます。また、システムへの攻撃者のことはクラッカー（cracker）と
よばれます（図 7.4）。

図 7.4　ハッカーとクラッカーの違い

　ハッカソンはその技術をフルに発揮して、問題解決能力を競争するイベント
です。24 時間とか、2 日程度といった時間のなかで、与えられたテーマをハッ
クします。

　ソフトウェアやシステムを作る技術がないという人でも参加できる類似のイ
ベントに、アイデアソン（ideathon）とよばれるものがあります。これはアイ
デア勝負なので、発想力に自信がある皆さん向けのイベントです。

　特定のテーマで多くの登壇者が集まり講演を行うカンファレンスというイベ
ントに参加するのもよいでしょう。カンファレンスは、勉強会と研究会の中間
的なイベントといえるかもしれません。

　カンファレンスでは CFP（call for proposals）という呼びかけに応じて、「こ
んなことを紹介したい！」という話者が主催者に話題を提案します。そして、
たくさん集まった提案をプログラム委員会が判断して取捨選択し、プログラム
が組まれます。おもしろそうだ、あるいは参加者にとって有意義そうだという
基準でレビューするので、提案が多ければ多いほどおもしろいカンファレンス
になるでしょう。

　勉強会からもう少し踏み込んで活動したいけれど、研究会に参加するのは気
が引けるというような方は、カンファレンスの CFP に応じて何か発表してみ
てはどうでしょうか。多くのカンファレンスでは、新規性や妥当性よりも、お
もしろさや有用性が求められます。カンファレンスでの講演は、少なくとも話

した内容については知見があることを業界でアピールできたという証です。それをきっかけとして新たな人間関係ができるかもしれません。

　その他、イベントに展示ブースを出すのもおもしろい経験を得られるでしょう。国内カンファレンスにおいて日本語で講演するのもよいですが、国際カンファレンスに参加して英語でスピーチすると、世界にアピールできます。最近では動画でアーカイブされることもあるので、実績が残るという意味でもますます重要な活動になっていくでしょう。

7.2.4　オンラインイベント

　最近は、オンラインイベントも日常的なものになりました。オンラインであろうが対面（オフライン）であろうが、人が交流するイベントであるということに変わりはありません。しかし、情報流通の特性が異なるため、それらの特性をきちんと理解して使い分けることが大切です。

　オンラインイベントを開催することのメリットとデメリットを考えてみましょう。まずはメリットからです。これは、なんといっても時空を超えられるということでしょう。つまり、空間的な制約や時間的な制約に縛られないということです。

　空間的な制約に縛られないというのはどういうことでしょうか。オンラインでイベントに参加しようと思えば、世界中のどこからでも参加できます。インターネットが地球規模で整備されているので、どんなオンラインイベントでも、地球のどこからでも参加できるでしょう。実際に、日本国内限定のイベントでも、オンライン開催により遠隔地から参加しやすくなったという声をしばしば聞きます。いわんや国際的なイベントにおいてをや、です。国際会議に参加するためには、これまでは、それなりの旅費と時間をかけて現地まで行かなければなりませんでした。オンライン開催になれば、その投資は要りません。気軽に参加できるようになった点はメリットといえるでしょう。

　ただし、国際会議の場合に気をつけなければならないのは時差の問題で、自分の発表時間が真夜中になってしまうことがあります。また、参加意識が希薄になる[†]ことも相まって、夜中に行われるセッションに参加する意欲が失せて

[†]　イベントの場合は参加意識が希薄になる点が問題ですが、テレワークの場合は、それが日常化すると所属する組織への帰属意識（ロイヤルティ、loyalty）が希薄になるという問題が顕在化するので気をつけなければなりません。

しまうという問題も発生します。

オンラインイベントのデメリットはまさにそのような点にあります。対面でのコミュニケーションに比べて、オンラインでのコミュニケーションはどうしても情報量が少なくなってしまいます。画面が高画質化し、VR などの技術が発展したとしても、対面コミュニケーションの情報量にはまだまだ及びません。

コミュニケーションのバンド幅は大切なポイントです。オンラインにせよオフラインにせよ、人がコミュニケーションをしているときにはいろいろと情報交換をしているのです。そして、意識的な情報交換だけでなく、無意識の情報のやりとりが意外と重要な役割を担っているということは、頭の片隅に入れておいても損はありません。

7.3 オープンソースソフトウェア

ここまで、しばしばオープンソースソフトウェアとそれに関する活動について言及してきました。この節では、そもそもオープンソースソフトウェアとは何かということを整理しておきましょう。ソースコードに自由にアクセスできればオープンソースソフトウェアというわけでもありません。本質を理解しておくことが大切です。

7.3.1 フリーソフトウェアの概念

オープンソースソフトウェア（OSS, open-source software）は、ソフトウェアのソースコードが公開されていて誰でもアクセスできるソフトウェアです。ただし、ソースコードが公開されているだけではオープンソースソフトウェアとはいえません。オープンソースイニシアティブ（OSI, Open Source Initiative）が公開しているオープンソースの定義（The Open Source Definition）に定められたいくつかの条件を満たすもののみが、オープンソースソフトウェアとして認められ、図 7.5 の公認ロゴをつけることができます。

オープンソースソフトウェアという言葉は、エリック・レイモンド（Eric Steven Raymond）らによって 1998 年に提唱されました。レイモンドはオープンソース開発の代表例をバザール方式（bazaar-style development model）と名づけ[14]、分析しました。

しかし、ソースコードを広く公開し、改変と再配布（modification and

図 7.5　OSI 公認ライセンスのロゴ

distribution）を自由に認めることで、ソフトウェア開発を加速するという概念は、コンピュータの黎明期から脈々と受け継がれてきた概念です。1980 年代にその考え方を整理し、フリーソフトウェア（free software）と名づけて世間に問うたのがリチャード・ストールマン（Richard Matthew Stallman）です。ストールマンはコピーレフト（copyleft）という考え方を提唱し、GNU プロジェクト[†1] を開始、さらに、フリーソフトウェア財団（FSF, Free Software Foundation）を設立しました。

　フリーソフトウェアの「フリー」は、無料という意味のフリーではありません。ソースコードが公開されていて誰でもアクセスでき、思いのままに改変して再配布もできるという、自由という意味のフリーです。ストールマンたちはこれをソフトウェアの自由（software freedom）とよびました。結果として無償で利用できることからカン違いしている人も多い[†2] のですが、無料のソフトウェアという意味ではないことは理解しておくべきです。

7.3.2　オープンソースソフトウェアの普及

　オープンソースソフトウェアの考え方は、IT 業界に広く浸透しました。いまでは、その成果は至るところで使われています。データセンターで使われている OS やミドルウェアの多くは、オープンソースソフトウェアやその派生物です。

　オープンソースソフトウェアの代名詞ともいえるソフトウェアは、なんと

---

†1　GNU プロジェクトとは、フリーなソフトウェアのみからなる Unix 互換環境を用意しようというプロジェクトです。GNU という妙な名前は、GNU is Not Unix というハッカー流の洒落に基づいて命名されています。

†2　ストールマンが来日したときに行われたインタビューで、誤解されないようにフリーではなくフリーダムと名づけるべきだったと答えています。

いっても Linux でしょう。Linux は、リーナス・トーバルズ（Linus Benedict
Torvalds）が開発した Unix 互換の OS です。当初は、学生だった彼が作ったお
もちゃのような OS でしたが、2000 年代に入り、そこそこ使える OS に成長す
ると、大手 IT 企業が支援を始めて急成長しました。現在の Linux 開発は多く
の IT 企業に支えられており、巨大な開発コミュニティになっています。この
ように急成長した理由にはさまざまな要因がありますが、オープンソースソフ
トウェアとしてバザール開発を積極的に取り入れていたことも大きな要素でし
た。

　皆さんに馴染みのある製品としては、Android や macOS を例に挙げられま
す。厳密にいえば、これらはオープンソースソフトウェアではありません。し
かし、その主要部分はオープンソースソフトウェアを利用したものです。
Android のカーネル（kernel）[†1] は Linux ですし、macOS も、中心部分は Darwin
とよばれるオープンソースソフトウェアをベースとしています。

　デスクトップで利用するアプリケーションソフトウェアにも、オープンソー
スソフトウェアとして有名なものがいくつかあります。Web ブラウザの Firefox
や、電子メールクライアントの Thunderbird は、Mozilla Foundation が維持管
理しているオープンソースソフトウェアです。オフィススイート、あるいは生
産性ソフトウェアとよばれるソフトウェアのなかにも、オープンソースソフト
ウェアとして開発されているものがあります。代表的なものは LibreOffice で
す。

　しかし、なんといってもオープンソースソフトウェアが活用されている例は、
サーバで利用されている各種のソフトウェアでしょう。デスクトップで利用さ
れているアプリやクライアントソフトウェアの直接の利用者は、オープンソー
スであるかどうかにあまり関心はありません[†2]。一方、サーバで使われている
ソフトウェアは、そのソフトウェア自身を直接いじるユーザは技術者であり、
改変・再配布自由というソフトウェアの自由を享受する大きなメリットがあり
ます。

　もちろん、クライアントからサーバにサービスをリクエストしてシステムを
利用するエンドユーザも、間接的にそのメリットを受けています。さまざまな

[†1]　OS の中心部分をカーネルといいます。
[†2]　関心があるとすれば、無償で利用できるかどうかという点くらいでしょうか。

アプリケーションが Web アプリ化している現在は、オープンソースソフトウェアの重要性がますます高まっているといえるでしょう。

7.3.3　オープンソースソフトウェア開発者のモチベーション

　オープンソースソフトウェアの開発と商用ソフトウェアの開発ではいろいろな違いがありますが、最も異なるところはどこだと思いますか？　それは、オープンソース開発者は自ら作りたいものを作ることが強い動機づけになっている点です。商用ソフトウェアの場合、開発に携わっている技術者たちは、必ずしもその製品を作りたいから開発に関与しているとは限りません。仕事として、生活のためにかかわっている人も多いことでしょう。

　オープンソースソフトウェア開発に参加する開発者たちが自ら意欲的に開発に参加しているという点は、オープンソース開発の優れた特徴です。自律的に開発を進めているため、高い開発スピードを期待できます[†]。

　ところで、商用ソフトウェア製品では、従来、ソースコードは競争力の源泉であり、企業秘密として扱われるべきものでした。そのような秘密情報を、やすやすと公開してしまってよいのでしょうか。じつは、公開して改変や再利用可にすることは、開発する側、開発者本人にとってもいろいろとメリットがあるのです（図 7.6）。

　ソースコードを公開することで、いろいろなことを他力本願にできるという

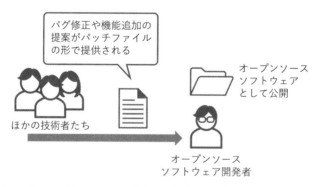

バグ修正や機能追加の
提案がパッチファイル
の形で提供される

オープンソース
ソフトウェア
として公開

ほかの技術者たち

オープンソース
ソフトウェア開発者

図 7.6　オープンソースソフトウェアとして公開することのメリット

[†]　ただし、逆も真であるとのリスクもあります。つまり、あるメンバーがその開発に飽きてしまったら、担当していた箇所の開発が止まってしまうかもしれないというリスクです。対価を得て仕事で作業しているのではないため、作業が中断してしまうこともあります。

大きなメリットが生まれます。何か不具合が生じたときに、ソースコードを公開していない状況であれば、バグレポートを受けて開発者側で再現テストを行い、バグ修正をするという手順で直します。しかし、一般ユーザからのバグレポートはときとして不正確で、再現することも難しく、場合によってはバグそのものを再現できずに終わってしまうかもしれません。

一方、ソースコードが公開されていれば、バグ報告されるだけでなく、そのバグに対する修正案も寄せられるかもしれません。腕に覚えのあるユーザからは、修正前後の差分をとったパッチコード（patch code）が送られてくることもあります。パッチコードが寄せられれば、開発者側はそれを取り入れることによって、ほかに影響が出ないかどうか†検討するだけでよく、スムースに更新作業が進みます。

私の経験では、かつて、次のようなことがありました。動画像処理用のソフトウェアライブラリを開発し、オープンソースソフトウェアとして公開していたのですが、そのライブラリは Linux と FreeBSD、NetBSD にしか対応していませんでした。開発メンバーもさほど多くなく、それ以外のプラットフォームに対応するには手が足りなかったからです。ところがあるとき、まったく知らない人から「Solaris に移植してみたんだけど」とメッセージが届きました。実際に試してみると、そのパッチを取り入れると Solaris でも使えます。このように、我々は労せずして対応するプラットフォームを増やすことができました。これは、オープンソースソフトウェアとしてソースコードを公開していなければ得られなかった経験です。

7.3.4 社会を支えるオープンソースソフトウェア

IT 業界だけでなく、組込みシステム（embedded system）に実装されたソフトウェアで使われている例も多数あります。組込みシステムや組込み機器とは、コンピュータとほぼ同様の仕組みが内蔵されているものの、汎用のコンピュータのようにアプリケーションソフトウェアを入れ替えていろいろなことを実現できるシステムではなく、専用のソフトウェアが固定化されていて、特定目的の処理を行うシステムや機器のことです。

---

† リグレッションテストの環境が用意されていれば、パッチを当てた状態でそれらのテストを流すだけで OK です。

　ところで、組込みシステムのソフトウェアといっても、目に見えるユーザインタフェースの部分はオープンソースソフトウェアであろうが商用ソフトウェアであろうがあまり変わらないので、一般のユーザにその区別はつきません。しかし、組込みシステムでオープンソースソフトウェアが活用されている様子は、さまざまなヒントから推測できます。

　図 7.7 は、自家用車に組み込まれているカーナビゲーションシステムの画面です。あまり触ることがないメニューですが、システム設定の奥深いところを探っていくと「オープンソースライセンス」と題された画面が現れます。これこそが、このカーナビに組み込まれているソフトウェアの一部にオープンソースソフトウェアが利用されている証拠です。次節で説明するライセンスの文章を、カーナビの画面で読めます[†]。

図 7.7　組込み機器で活用されているオープンソースソフトウェア

7.4　ライセンスの遵守

　カーナビの画面に表示されていたライセンスとは何でしょうか。この節では、まず、ライセンスとは何かについて説明します。さらに、ソフトウェアの自由を守るためのコピーレフトという考え方を解説し、それを具体化した GPL、さらにはほかの代表的なライセンスを紹介します。

[†]　ほかに、家庭用 TV の付属マニュアルにライセンスの文書が印刷されていることもあります。身近な OSS を探してみてはいかがでしょうか。

7.4.1 ライセンスとは

フリーソフトウェアやオープンソースソフトウェアはソースコードが公開されていて、誰でも自由に改変や再配布できます。とはいえ、何でも好き勝手をやってよいというわけではありません。たとえば、あるソフトウェアがオープンソースソフトウェアとして公開されていたとします。それを、自分のプロダクトで自由に利用することは可能です。しかし、だからといって、ソフトウェアのクレジットを書き換えて、このソフトウェアは自分が作ったものだと主張してはいけません。知的財産権については次章で詳しく説明しますが、著作権（copyright）を侵害するような行為はご法度です。

多くのオープンソースソフトウェアでは、利用の際にいくつかの条件を求められます。その条件とは、ソフトウェアの自由を守るためのものです。すでに説明したように、オープンソースソフトウェアはオープンソースの定義を満たしていなければなりません。オープンソースの定義を満たすために利用時の条件を明文化しておき、提供者（provider）と利用者（user）の双方がその条件を適切に理解する必要があります。

そのような各種の条件を満たしたうえで利用してくださいと文書で定めたものが、利用許諾契約（license agreement）です。とくにエンドユーザ（end user）が利用時に留意すべき条件を示した文書のことを、EULA（end user license agreement）とよぶことがあります。

ライセンスはある種の契約です。ビジネスにおける契約書は、双方が押印したり、サインをしたりすることで有効とする仰々しいやり方が一般的ですが、他方、契約は口約束でも成り立つという指摘もあります。ソフトウェアを利用する際は、提供者と利用者が一対一でなんらかの手続きをするということは不可能です。ソフトウェアは不特定多数に提供され、利用者はいつでも好きなときにダウンロードして利用できるからです。

そこで多くの場合では、ダウンロード時にライセンスを理解したか問うことで契約に代えることとしています。これはサービスの利用でもよく見られます。このとき、多くのユーザは文書をよく読まずに OK ボタンをクリックしてしまうようですが、ときとしてこれは非常に危険な場合もある†ので、十分注意

---

† サービス提供者が条件を好きなように変更できるという条項が定められていることがたまにあります。このようなときに、無料で利用できるはずのサービスが、あるときからこっそり有料にされ、しかも高額な利用料を取るように変更されたら、困りますよね。

しましょう。

7.4.2　コピーレフトという考え方

　ソフトウェアの自由を守るために、ソースコードを公開し、そのソフトウェアを自由に使えるようにすること、改造できるようにすること、さらには改造したものも含めて再配布して第三者に渡せるようにすることを、なんとか担保したいと、ストールマンら、フリーソフトウェアの提唱者たちは考えました。

　それらの条件を世間に提示するための最も単純かつ乱暴なアイデアは、そのソフトウェアを公共財とし、著作権を放棄してパブリックドメイン（public domain）としてしまう方法です。しかし、パブリックドメインにしたときに、そのソフトウェアおよび派生物[†]（deliverables）が未来永劫自由なソフトウェアであるという保証はありません。著作権を侵害しないまでも、誰かが自分の所有物（proprietary）としてしまい、それ以上の改変は表に出てこない可能性が残るからです。

　そこで彼らは、著作権を保持したまま、ソフトウェアの自由を保障する方法を考えました。そのアイデアが、コピーレフト（copyleft）とよばれる考え方です。コピーレフトの考えのもとでは、ソフトウェアの著作者は自らの著作権を放棄することはありません。著作権は保持したままで、ソフトウェアの利用条件を示します。

　ソフトウェアの利用条件、すなわちライセンスにおいて、そのソフトウェアに誰もがアクセスできること、改変して再配布を許容すること、さらには、その派生したソフトウェアを同じ条件でライセンスすることという条件をつけることを考えました。このようにすれば、少なくともそのライセンスで配布されているソフトウェアは、ソフトウェアの自由が守られることになります。

　図 7.8 はコピーレフトを表すマークです。著作権（コピーライト）のマークを左右反転した形をしています。コピー「ライト」に対するコピー「レフト」ということで、ハッカー流の洒落たデザインといえるでしょう。なお、レフトという単語には、コピーライトを残している（left）という意味も込められています。

[†]　もとのソフトウェアに対して、バグフィックスしたり、機能を追加したりなど、改変を加えたものを、派生したソフトウェアということで派生物とよびます。

図 7.8 コピーレフト

7.4.3 ソフトウェアの自由を支えるライセンス

コピーレフトは素晴らしい考え方ですが、コピーレフトそれ自身は概念であり、どうにかして文書にしないと第三者に伝えることができません。そこで、コピーレフトのアイデアを具現化したライセンスが作られました。それが、GNU 一般公衆利用許諾（GNU General Public License）です。正式名称は長いので、しばしば、頭文字をとって GPL とよばれます。

あるフリーソフトウェア（やオープンソースソフトウェア）が GPL のライセンスのもとで公開されたとします。もちろん、誰でもそのソフトウェアを利用でき、さらにはそれらを改変し、再配布できます。再配布するときは、さらに GPL のライセンス条件で再配布しなければなりません。

ここで、派生物にはコンパイルされた実行形式（executable）も含まれます。このとき、実行形式のみ配布して、改変したソースコードを秘匿することはできません。なぜならば、ソースコードを隠してしまうと、派生物、すなわち実行形式を入手した利用者がさらに改変して再配布できないからです。したがって、実行形式の形で配布されたソフトウェアの利用者も、改変された箇所を含めたソースコードを要求する権利をもちます。ソフトウェア提供者は必ずしも実行形式とソースコードをセットにして配布する必要はありませんが、ソースコードを要求されたときにはそれも提示しなければなりません。

このような性質を嫌う人々もいます。もとのソフトウェアは致し方ないとしても、自らが改変した部分をノウハウとして秘密にしておきたいという考えは、さほど不自然なものではありません。しかし、もとのソフトウェアが GPL で配布されていたものであれば、都合よくその部分だけ秘匿するということは許されません。

GPL で配布されているソフトウェアは、それを基にしたソフトウェアも GPL で再配布しなければなりません（図 7.9）。このような GPL 特有の性質を GPL

図 7.9　GPL の伝搬性

の伝搬性（propagation of GPL）とよんだり、ウイルス性ライセンス（viral license）とよんだりして忌避する人もいます。

　GPL はコピーレフトの具現化であり、ソフトウェアの自由を守るためのライセンスという位置づけのため、そのような性質をもつのは当たり前です。なお、GPL のような厳密性をもたないオープンソースライセンスはほかにもあるので、特定の部分だけは秘匿したいような場合には、ライセンスを選んで再利用すればよいでしょう。しかし、少しでも GPL のような強いライセンスが混じってしまうと、全体が派生物とみなされかねないので注意が必要です。そのような状況をライセンス汚染(license contamination)ということもあります。

　なお、ライブラリやミドルウェアのようなアプリケーションに組み込んで使うようなものに GPL を適用してしまうと、すべてを自由なソフトウェアにしなければならなくなり、誰も使ってくれなくなるのではないかと危惧されました。そのようなもののために、GNU 劣等一般公衆利用許諾（GNU Lessor General Public License）、通称 LGPL とよばれるライセンスも用意されています。状況に応じて、適宜、使い分けることが大切です。

7.4.4　代表的なオープンソースソフトウェアライセンス

　コピーレフトを具体化したものとして GPL を、さらにそれは厳しすぎるので条件を若干緩めたものとして LGPL を紹介しました。しかし、オープンソースソフトウェアのライセンスとしては、ほかにも有名なものがいくつもあります。

　よく利用されていて人気の高いものとして、BSD ライセンスがあります。BSD とは、バークレーソフトウェアディストリビューション（Berkeley Software Distribution）の頭文字をとったもので、カリフォルニア大学バークレー校（UCB）で開発された BSD Unix などの配布に向けて作られたライセンスです。BSD ライセンスは、再配布時に著作権とライセンスを明示的に表記すること

と、無保証であることを示すという条件のみを課しているという点が特徴で、そのため GPL のような厳しい再配布の条件とはなっていません。この条件を満たせばソースコードを提示せずとも実行形式を配布できるので、GPL より緩いライセンスと考えられます。

　似たようなライセンスに MIT ライセンスや Apache ライセンスがあります。前者はマサチューセッツ工科大学（MIT）で作成されたライセンスで、そのライセンスで配布されている代表的なソフトウェアとしては X Window System があります。また、Apache ライセンスは代表的な Web サーバ、apache などのソフトウェアを開発・管理している Apache ソフトウェア財団（ASF）によるライセンスです。

　そのほか、おもしろいところでは Mozilla 財団が作成した MPL（Mozilla Public License）があります。このライセンスは、オープンソースの弱点となり得るソフトウェア特許に対する防衛策が盛り込まれています。

　このほかにもオープンソースライセンスは数多く提案されています。このライセンスのもとで提供されているソフトウェアはオープンソースソフトウェアとして認めてよい、というライセンスのリストは、オープンソースイニシアティブが公開しています。皆さんの作成したソフトウェアを新たにオープンソースソフトウェアとして公開したいという状況で、新たなライセンスを決めなければならないとき[†]には、そのリストを参照して適切なライセンスを選びましょう。

　オープンソースの条件を満たす配布形態であれば、自分で決めたライセンスでも構いませんが、特別な事情がない限り、そのようなライセンスを新たに決めるのは無駄な作業です。できるだけ、上記のリストに挙げられている既存のライセンスを使うべきです。

　オープンソースライセンスは知れば知るほど奥が深い世界です。詳しく知りたい人は専門書[15]などを読んで理解を深めるとよいでしょう。

[†] GPL など伝搬性をもつライセンスの派生物であれば、その条件に従ってライセンスしなければなりません。そのような制約がないときには、ライセンスを自由に決めて構いません。

　第 7 章では、情報システム開発の文化的側面に関する話題をいくつか紹介しました。

　繰り返しになりますが、IT の世界で新しい技術をキャッチアップしていくには、生涯学び続ける覚悟が必要です。さまざまな技術の一つひとつは、小さな積み重ねでできているので、焦らず、しかし確実に技術を学んでいくようにしましょう。

　勉強会や研究会に参加することも重要ですし、それらを運営しているコミュニティ活動に混じることも大切です。業界には多様なコミュニティがあること、イベントに参加して活動すること、オンラインでもそのような活動が行われていることを紹介しました。

　コミュニティ活動の代表的なものとして、オープンソースソフトウェアの概念があることを解説しました。現在ではオープンソースソフトウェアは情報システムを構成する主要なコンポーネントの一部になっています。その考え方を理解して、適切に向き合えるようになりましょう。なんらかの開発に参加するのもおもしろいかもしれません。

　オープンソースソフトウェアを取り扱うときには、ライセンスの考え方を正しく理解しておく必要があります。この章では、ライセンスとは何かから始まり、コピーレフトの考え方や、代表的ないくつかのライセンスについて学びました。

この章で学んだこと

- IT に携わる技術者は日々学習を進めて新しい技術のキャッチアップをすべきであるということ
- 業界においてはさまざまなコミュニティがありイベントが行われていること
- オープンソースソフトウェアやフリーソフトウェアの概念と、現在の IT 業界ではなぜそれらが重要なのか
- オープンソースの文化を支えるライセンスという考え方と、ライセンスの代表例

第8章

社会実装に対する配慮

　この章では、新たなサービスを社会に提供する際に気をつけなければならないことや、情報システム開発者が技術的知識以外にとくに知っておくべき事項、配慮すべきことなどを考えます。

　まず、サイバーフィジカル社会を実現するうえで、情報システムが影響を与える範囲を議論します。サイバー空間だけでなく、リアル社会も巻き込んで生活を高度化しようという考えがサイバーフィジカル社会です。そのため、サイバー空間とリアル空間の両方のルールに従って物事を考えていかなければなりません。

　また、そのようなシステムを作るプロジェクトは、契約を結んだうえで行われます。契約とは何か、契約を締結するうえでの注意事項はどのようなものかを説明します。技術者であっても、契約書は読めるようになっているとよいでしょう。さらに、契約を守るだけでなく、コンプライアンスの遵守や倫理的配慮を求められるということにも言及します。

　情報システムやソフトウェアの開発など情報サービスに携わる技術者は、知的財産権に関する知識ももつべきです。とくに、ソフトウェアそれ自身やデータベースにも著作権が認められるようになっている現在は、他人の権利を侵害しないように留意しなければなりません。最近では、個人情報の保護、プライバシー確保といった観点も大切になりました。この流れは世界的なものであり、サイバーフィジカルシステムを実装するうえで避けては通れないトピックです。

——— 8.1　サイバーフィジカルゆえの課題

　情報システムを用いてなんらかのサービスを世の中に提供するときには、そのサービスが社会のルールに抵触していないかを検討しなければなりません。とくに、サイバーフィジカルシステムは現実に直接影響を与えようというものですから、これはなおさらです。この節では、そのような状況を掘り下げて考

えてみます。

8.1.1　サイバー空間に留まらない影響力

　サイバーフィジカル社会を実現しようとするときには、単純な情報システムやソフトウェアを考える以上に、慎重になって物事を進めなければなりません。情報システムによるサービスや、アプリケーションソフトウェアを提供するときであっても、それらのシステムやソフトウェアによって実現することが、社会的に問題のあるものであってはいけません。既存のシステムを破壊、クラッキングしようとするものや、法律に抵触するようなサービスを実現するソフトウェアなどは、いくら技術的に可能であっても具体化してはいけません。

　さらに、サイバーフィジカルなシステムの場合は、何か事故があったときに現実社会に影響が及ぶことに十分留意しておかなければなりません。これまで述べてきたように、現代のソフトウェアは大変複雑な構成をしているため、完璧なものを求めるのはなかなか難しく、したがって、ソフトウェアに潜むバグによって問題が生じたときには、安全側に倒れるような設計†としておく必要があります。これを、フェイルセーフ（fail safe）といいます。

　サイバー空間での問題が現実社会に影響を与えるということは、日々の生活にも影響が及ぶ可能性があるということです。実際、サイバー攻撃が人命を脅かすことも想定しなければなりません（図 8.1）。

図 8.1　サイバー攻撃がリアル社会に影響を与えるリスク

---

†　たとえば、自動運転車の制御に問題が生じたときには、必ず減速して止まるようにする、といった設計です。問題が発生しても、安全な場所で止まることができれば大事故になるリスクは抑えられるでしょう。

　最近の自動車はコンピュータネットワークにつながっていて、さまざまなネットワークサービスを受けられます。そのような自動車をコネクテッドカー（connected car）とよびます。一方で、エンジンやブレーキの制御も、ドライブバイワイヤ（drive by wire）といって、多くの部分が電子制御化されています。ということは、もし、ネットワークを介してサイバー攻撃を受けて、自動車のコントロールが乗っ取られてしまったら、どうなってしまうでしょうか。高速道路で運転中に、リモート操作で急ハンドルを切られてしまうと、自動車は制御を失い転倒、大事故に至ることでしょう。これはあり得ないシナリオではありません。十分に注意しなければならない事例です。

8.1.2　サイバー空間のルールとリアル社会のルール

　コンピュータの作り出すサイバー空間の歴史は、人類という種そのものの歴史に比べると、あるいは現代社会に至るまでの文明の歴史に限って比べても、きわめて短いものです。そのため、サイバー空間のルールはいまだ未成熟な面が強く、曖昧な部分が多く残されています。

　サイバー空間のルールとして現時点ではっきり決められているものは、おもに技術的な決め事が中心です。それは、RFC（request for comments）とよばれる文書で規定される決まり事であったり、プロトコルであったりします。ソフトウェアどうしがデータをやりとりする方法は単純であるに越したことはなく、込み入ったルールは敬遠されるため普及しません。したがって、これらは至ってシンプルな約束事が多いといえるでしょう。

　一方で、サイバー空間における社会的活動のルールは、まだ判然としない部分が残っています。現代では、電子掲示板（BBS）で情報交換したり、電子メールやチャットでメッセージを送りあったり、SNSでコミュニケーションしたりといった、サイバー空間における社会的活動も一般的になりました。しかし、サイバー空間があまりにも急速に普及したために、そのような多様な価値観を内包する活動については、ルールの確立が追いついていないのです。

　反対に、リアル社会のルールは、人間の社会的活動を反映する形で、長い歴史のなかで自然発生的に出来上がってきました。憲法から始まり、法律、条例や省令など、社会規範としての法体系が、それぞれの国ごとに定められています。さらに、どのような組織にも規範とすべき決め事の体系があるでしょう。学校であれば学則が、企業であれば社則が定められているはずです。これらの

ルールに従って、社会や組織の構成員である私たちは、秩序ある生活を送ります。このように、リアル社会のルールは多様で、複雑なものとなっています。

　以上のようなことから、社会がサイバーフィジカル社会になったときに、既存の法律が追いついていない部分や、既存のルールがカバーしきれない範囲がどうしても出てきます。それは、IT の進化でいままでに想像もし得なかった事象が実現できるようになるからです。たとえば自動運転車が事故を起こしたときに責任を追及されるべきなのは誰なのか？　というような問題です。この問題については、後でもう少し掘り下げて議論しましょう。

　人工知能を利用した自動運転車のような、先端的なサービスではなくても、現実的な情報システムで微妙なサービスを提供したときに、社会規範に抵触する可能性があることにも注意が必要です。とくに、この章で述べるような、知的財産権に関与するようなものや、個人情報を取り扱うものなど、ルールの整備は進みつつあるけれど人々の共通理解がまだ十分には進んでいないような領域は要注意です。

　少なくとも、サービス提供者がそのような法律や規範に抵触しないように留意することは当然ですし、社会に提供する際にはそれを受容する一般消費者がどのように受け取るか[†]に対しても、気を配るようにしなければなりません。

8.1.3　サイバーフィジカルシステム開発に求められる想像力

　新しいサービスを提供する際に、世間の受け止め方を考慮する必要があるということを指摘しました。そこには、想像力が必要です。

　サイバーフィジカル社会の実現においては、これまで経験したことがない世界が次々と現れてきます。そこに、想像力の壁を感じてしまう皆さんも多いことでしょう。これまでの経験をやすやすと超えるシステムやサービスが、次々と提案されています。

　じつは、そのような想像の範囲を超える、突拍子もないようなアイデアを考えるのが上手な人たちがいます。それは SF 作家です。

　かつて SF 小説や SF 映画で提案されたアイデアが、現在では実用化されている例は数多く指摘されています[16]。手のひらに収まる折りたたみ式の通信装

---

†　わかりやすい事例が、ネットの炎上という現象です。提供側にまったく悪意がなかったとしても、受け止められようによっては炎上し、謝罪に追い込まれたという例をしばしば目にします。

置は、前世紀では空想の産物でした。しかし、現在では携帯電話として実現され、多くの人々によって利用されています。人工知能と会話するなどのシーンも、かつては銀幕のなかだけの世界でしたが、ある程度は実用化されるようになりました。ほかにも、SF映画で提案された多くのサービスやシステムが、現実のものとなっています。そのうち、空を飛ぶ自動運転車で行き来する世界が当たり前のものになるかもしれません。

想像力の源泉は経験です。人生経験のまったくない乳幼児は、何の想像力ももち得ません。小さな子供たちが想像力を発揮し出すのは、絵本や大人の語りかけで知識を得てからです。いかに小さな子供たちであっても、ひとたび知識を得れば、それらを組み合わせて新たな世界を描き出すことができます。これこそ、人間がもつ想像力の産物です。

この「経験」は、あるいは「知識」と言い換えることもできるでしょう。先のSFの例でいえば、SF作家たちは科学技術に関する知識のみならず、社会やそこに住む人々、さまざまな国の文化や歴史など、広範な知識を背景として、まだ見ぬ新たな世界を創造します。第1章でも指摘したように、情報技術に留まらない幅広い知識のほか、さらには一般教養も大切です。

なお、想像力だけでなく、説明力（アカウンタビリティ）も求められる点に注意しておきましょう。1.2.4項「技術が先行するサイバーフィジカル社会」で触れた鉄道会社のケースのように、いかに真っ当なシステムやサービスであっても、説明に不足があれば受け入れてもらうのは困難です。わかりやすい説明が重要という点で、これもまたSF作家に見習うべきところがあるのかもしれません。

8.1.4 不十分な法整備

さて、ではこれまでまったく考えられていなかった状況の判断が求められるような例を考えてみましょう。自動運転車が事故を起こしたときに、責任を問われるのは誰か、という問題です（図8.2）。

それは、運転席に座っている人でしょうか、それとも自動運転車を販売したディーラーでしょうか、あるいは車を作ったメーカーでしょうか、それともソフトウェアを開発した人工知能の開発企業でしょうか。

道路交通法（昭和三十五年法律第百五号）では、「第四章運転者及び使用者の義務、第一節運転者の義務」において、運転者が負うべき義務を定めていま

図 8.2　自動運転車が起こした事故は誰の責任か？

す。そして、令和 3 年 4 月 1 日（2021 年 4 月 1 日）に施行された最新版、令和二年法律第五十二号による改正がなされたものには、自動運転車の運転者が遵守すべき事項として下記の項目が加えられています[†]。

（自動運行装置を備えている自動車の運転者の遵守事項等）
　　第七十一条の四の二　自動運行装置を備えている自動車の運転者は、当該自動運行装置に係る使用条件（道路運送車両法第四十一条第二項に規定する条件をいう。次項第二号において同じ。）を満たさない場合においては、当該自動運行装置を使用して当該自動車を運転してはならない。
　　2　自動運行装置を備えている自動車の運転者が当該自動運行装置を使用して当該自動車を運転する場合において、次の各号のいずれにも該当するときは、当該運転者については、第七十一条第五号の五の規定は、適用しない。
　　一　当該自動車が整備不良車両に該当しないこと。
　　二　当該自動運行装置に係る使用条件を満たしていること。
　　三　当該運転者が、前二号のいずれかに該当しなくなった場合において、直ちに、そのことを認知するとともに、当該自動運行装置以外の当該自動車の装置を確実に操作することができる状態にあること。
　　（罰則　第一項については第百十九条第一項第九号の三、同条第二項）

---

† 　その他、第六十三条の二の二として、作動状態記録装置による記録等に関する規定もあります。第七十一条第五号の五は運転中の通信装置（電話）使用に関するものです。第七十一条の四の二の 2 で規定されている内容は、自動運転車の運転中は条件が揃えば電話を使用してもよいということを示しています。

　要するに特定の条件として定められた基準を満たしていなければ、自動運転車を動かしてはならないということですが、そもそも道路の交通を管理するこの法律に、自動運転車に関する項目が盛り込まれたことに、大きな意味があります。

　このように、技術の進歩に合わせて少しずつ法律が改正されていることは、現実的でとてもよいことです。しかし、現在の道路交通法の規定だけでは、先の責任問題は解決できていません。この問題は多くの人々によって指摘されており、世界的に見れば実際にいくつか事故が発生しています。いずれ顕在化して重要な問題となるでしょう。これはわかりやすい例ですが、法整備と技術の進化に関するギャップはほかにも数多く存在します。

8.2　契約とコンプライアンス、倫理

　この節の前半では、契約に関する話題を扱います。何か仕事をするときには、通常、契約を結んで作業を進めます。情報システムやソフトウェア、サービスを開発するときも同様です。契約したら約束を守ることは当然ですが、それ以外にも配慮しなければならないことはあります。コンプライアンスや倫理的配慮です。後半ではそのような話題に言及します。

8.2.1　契約とは

　契約（contract）とは、約束をすることです。人間は社会生活を営むうえで、いろいろなことを約束します。基本的に、約束は守るものです。約束を守らないと社会秩序が保たれず、社会が混乱します。

　契約は、口約束でも成立するとされています。しかし、多くの場合、約束事は文書で、すなわち、契約書として示しておくべきです。口約束だと、それこそボイスレコーダーで録音でもしておかない限りは、その約束事項をめぐるトラブルが発生したときに「言った」「言わない」の水掛け論になってしまい危険です。

　社会は約束事で秩序立てられているので、世の中にはさまざまな種類の契約が存在します。企業で働いている皆さんであれば、雇用主である企業と従業員である皆さんとの間に雇用契約が結ばれているでしょう。雇用契約なんて結んだかな？　という方は、不当な雇用がなされていないか、いちど確認したほう

がよいですよ。また、アパートやマンションの部屋を借りて住んでいる皆さん
は、大家さんと皆さんの間で賃貸契約があるはずです。大人になって私が初め
て接した契約書は、学生時代に借りて住んでいたアパートの賃貸契約書でした。

　大学の場合、企業と共同研究を行うことがしばしばあります。そのようなケー
スでは、共同研究契約（joint research agreement）を結びます。共同研究契約
では、まず何を研究するのかを示す題目（title）が重要ですが、いつからいつ
まで実施するのか、誰がどのような担当をするのか、成果物（deliverables）
の権利は誰がもつかなど、細かい条件が指定されます。

　企業が他の企業に業務を依頼するときは、業務委託契約（service agreement）
を結びます。研究契約や業務委託研究などでは、双方がもつ秘密を守る約束を
一番初めに交わすこともあります。そのような契約を秘密保持契約（NDA, non-
disclosure agreement）といいます。本番の契約を交わすためには、それぞれ
のもつ企業秘密（trade secret）にアクセスしなければいけない状況がしばし
ば発生するからです。本契約を結ぶやりとりは、時間がかかることがあります。
双方が条件をすり合わせるまで何回も調整しなければならないからです。そこ
で、まずは NDA を結んでからいろいろな話し合いを行うという段取りで進め
られることが多いのです。

8.2.2　契約形態に注意

　ソフトウェアや情報システムの開発を外部の企業に業務委託するとき、ある
いは、逆の立場でそのような業務を受託するときには、契約行為を必ず行いま
す。ただし、業務委託契約には大きく 2 種類に分けられ、それぞれ特徴が違う
ので、適切な契約形態を選ぶことが重要です。

　業務契約は、委任契約（mandate contract）もしくは準委任契約（time and
material contract）と、請負契約（contract for work）の 2 種類があります。前
者は、作業することを依頼するという趣旨の契約で、後者は成果の作成を依頼
するという趣旨の契約です。トラブルを避けるには、この違いをよく理解して
契約を締結しなければなりません。

　（準）委任契約では、その作業にどれだけ従事したかが問われます。そのため、
何かを開発して成果を出すという仕事よりは、システムの運用や保守など、ど
れだけの時間働いたかが問われる種類の仕事を依頼する場合に向いています。
システム開発に準委任契約を適用した場合、最悪、システム開発がうまくいか

ず、システムが完成しなかったとしても、作業にかかった時間分の対価は支払わねばなりません[†]。

一方、請負契約は成果に対して対価を問う契約です。その成果を出すために、どれだけの作業がかかったかは問いません。効率よくわずかな作業でその成果を生み出せたとしても、非効率な作業で大変な時間がかかったとしても、対価の支払いには影響しません。皆さんが商品を買うときに、その商品を製造するためにどれだけの工数がかかろうが価格が変動することはないのと一緒です。

ソフトウェア開発やシステム開発を業務委託するときには、どちらのタイプの契約形態とするかをしっかりと考えなければなりません。本書で何度も説明しているように、ソフトウェアや情報システムの開発は、人間の思考の産物であり、試行錯誤を伴う作業が必ず発生します。すなわち、どのくらいの作業を要するか、見通すのは難しいのです。一方、成果物はとても複雑で、思わぬバグや不具合がいつまでも残る可能性もあります。成果物が得られれば無事完了、ともいきません。

請負契約が適用されるケースが多いようですが、その結果、どうしても完成させられず、開発が途中で断念されるという不幸な状況もまだよく耳にします。2018年の日経コンピュータによる調査[17]では、ITプロジェクトの成功率は52.8%だったとのことです。それでも以前と比べるとだいぶ成功率が上がったそうですが、失敗の多さが際立っています。そして頓挫したプロジェクトに途中までかかった金額が高額な場合、裁判で責任が争われるケースもときおりニュースになっています。

そのような不幸な失敗を避けるために、仕様策定の部分を準委任契約で入念に実施し、仕様が明確になったところで請負契約を改めて結び直すというような工夫も提案されています（図8.3）。

8.2.3 コンプライアンスと倫理的配慮

契約書にはさまざまな条件が並べられています。二者で契約を学ぶことが一般的で、それぞれを甲と乙で代表させ、甲乙間での各種の取り決めを条項（terms）として書面に並べていくというスタイルが一般的です。場合によっては、三者

[†] ただし、現在は、民法が改正され、準委任契約でも仕事の完成に対して報酬を支払うような類型が追加されたり、請負契約で成果の一部に対価を求める権利が設定されたりと、現状に合わせた法律の改定がなされています[18]。

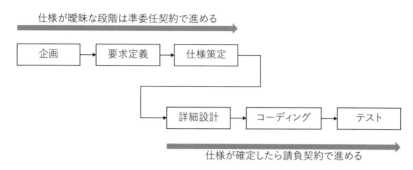

図 8.3　情報システム開発の失敗を避ける契約の工夫

契約、四者契約など複数の関係者が一つの契約を学ぶこともあります。

　契約書に記載された約束事を守るのは当然ですが、最近ではそれ以外にも、コンプライアンス（compliance）が強く求められるようになりました。日本語では法令遵守ともいわれますが、法律や条例、省令など各種の規範だけでなく、業界のガイドラインや社則、学則といった組織内のルールをしっかり守りましょうという態度のことです。さらには、倫理観やモラルをもった行動、道徳的に正しい行いをしましょうという態度も含みます。

　コンプライアンスが強く求められるようになった背景には、あまりいい加減なことをしていると組織の存続が問われる状況に陥ってしまうかもしれない、といった危機感があります。残念なことに、現在は、昔のような牧歌的な時代ではなくなってしまいました。企業や学校などの組織が、あるいは、その組織に属する構成員が、コンプライアンスの精神に、若干、欠けていたとします。その構成員が何かちょっとしたトラブルを発生させると、すぐに世間から激しい攻撃を受け、謝罪をしなければなりません[†]。

　また、いじめやハラスメント、暴力的行為といった直接的なものだけでなく、長時間労働を強いる、サービス残業（残業代の未払い）、不当解雇なども、コンプライアンス違反の代表例です。

　残念ながら、現代社会は寛容さを失った病的な側面を抱えています。有名人の過去の過ちをほじくり返して表舞台から引きずり下ろす、キャンセルカルチャー（cancel culture）が代表的で、コールアウトカルチャー／アウトレイジカルチャーも似たようなものです。これらに対抗するには、清く正しい生活

[†]　アルバイト店員がいたずらをして炎上したという事件は、定期的に発生しています。

を心がけねばなりません。

　ただし、何事も行き過ぎれば窮屈な社会となります。コンプライアンスの旗印のもと、お互いをチェックし合うような監視社会は望ましい姿でしょうか。ジョージ・オーウェル（George Orwell）が『1984 年』[19]で描いたような世界[†1]に皆さんは住みたいでしょうか。サイバーフィジカル技術を施政者が悪用すれば、技術的に高度な監視社会を実現することはできるでしょう。しかし、市民はそのような社会を望みません。そのためにも、自衛手段として節度を保った生活をしつつ、一方ではギリギリと締めつけるような過度なコンプライアンスを求めるべきではありません。

8.2.4　倫理規定

　従業員のコンプライアンス違反で組織が潰れてしまわないようにするために、各企業はコンプライアンス教育を従業員に施すようになりました。倫理的な知識を身につけておくべきという流れは、教育の領域でも注目を集めています。

　STEM 教育という言葉をご存知でしょうか。STEM とは、科学・技術・工学・数学（science, technology, engineering, and mathematics）の頭文字を並べたものです。理数系の教育を重点的にしようというものですね。最近では、STEM に教養（liberal arts）や芸術（art）の要素も入れるべきということで、STEAM 教育[†2]ともよばれます。STEM（STEAM）に関する基礎素養を多くの人々に教育すべきであるという考えです。

　他方、新たな技術で作られたサービスやシステムを社会に展開するときに解決しなければならない課題も多いということで、ELSI という言葉も注目されるようになりました。まさに、本書で扱っている話題に相当する概念です。ELSI とは、倫理的・法的・社会的課題（ethical, legal, and social implications/issues）の頭文字を並べたものです。先に説明した、自動運転車が事故を起こしたときの責任問題は、今後、解決がなされるべき社会的課題であり、技術で解決できるものではありません。しかも、法律の整備も十分とはいえません。

---

†1　"Big brother is watching you." というメッセージが有名です。
†2　STEAM というと蒸気で雲散霧消してしまう印象があり、artistic な名前じゃないなあと思います。矛盾していますよね。どうせなら MATES 教育とすればよいのにと考えます。仲よく学ぶような印象もあってよいと思うのですが……。

これらの整備が進まないうちは、最終的には、倫理的な判断が求められるようになるでしょう。

倫理という概念は、奥が深く難しいものです。小学校では道徳という科目でその一部を学びます。しかし、多くの倫理的規範は社会生活を営み多くの経験を踏まえて培われていくものでしょう。ただし、倫理的な事項についての曖昧な理解ではコンプライアンスに違反するようなことも起こりかねません。そこで、多くの組織では倫理規定（ethical code）が定められています。

研究者には、研究倫理が求められます。したがって、大学や研究所などでは、研究倫理に関する倫理規定が定められています。研究者は研究倫理に関する教育を定期的に受けることになっており、倫理的に微妙なテーマを扱ったり、倫理的に問題がありそうな実験を行ったりするような研究に関しては、倫理審査委員会（ethics review committee）に審査を求めます。倫理審査委員会では、審査対象の研究計画が倫理規定に違反していないかどうかを判断します。

今後、サービスやシステムの開発も同様な状況が起こり得るでしょう。倫理規定というものがあること、倫理規定に抵触しないようなシステム開発、サービス提供を行っていくことを、しっかりと理解するのが大切です。

8.3　知的財産権

技術の進化により、人間の知的活動がますます盛んになっていることを反映して、近年、さまざまな分野で知的財産に対する権利意識が高まっています。最もよく知られているのが著作権ですが、これには対象としてソフトウェアも含まれています。さらに、サービスやシステムを実用化する際には、特許権や商標権にも気をつけなければなりません。この節では、それら情報システムにかかわる知的財産権について説明します。

8.3.1　知的財産権とは

人間の知的な創造活動によって生み出されたものは、財産として保護されねばなりません。そのような財産のことを、知的財産（intellectual property）といいます。宝石やアクセサリー、家具や自動車など、目に見えて手で触れられる財産と異なり、知的財産は目に見えないものが多く、そのせいでわかりにくくなっています。しかし、大切な財産なので、それらをもつことによる利益や

権利は守らねばなりません。そのような権利のことを、知的財産権（intellectual property right）といいます。

　我が国において、知的財産と知的財産権の定義は、知的財産基本法（平成十四年法律第百二十二号）で定められています。

（定義）
　第二条　この法律で「知的財産」とは、発明、考案、植物の新品種、意匠、著作物その他の人間の創造的活動により生み出されるもの（発見又は解明がされた自然の法則又は現象であって、産業上の利用可能性があるものを含む。）、商標、商号その他事業活動に用いられる商品又は役務を表示するもの及び営業秘密その他の事業活動に有用な技術上又は営業上の情報をいう。
　２　この法律で「知的財産権」とは、特許権、実用新案権、育成者権、意匠権、著作権、商標権その他の知的財産に関して法令により定められた権利又は法律上保護される利益に係る権利をいう。

　この定義によれば、知的財産には、発明や考案から商標や営業秘密まで、さまざまな種類があることがわかります。さらに、知的財産権として、特許権や著作権などが定義されており、それらの権利がこの法律で守られていることもわかります。

　サイバーフィジカル技術を用いて何らかのビジネスを行ううえでは実用新案権や商標権も大切になる場合があるかもしれませんが、情報システムやソフトウェアを扱ううえでとくに注意が必要なものは、著作権と特許権です。以下では、その二つについて解説します。

8.3.2　ソフトウェアに関する著作権

　かつて、コンピュータのプログラムに著作権は認められていない時代がありました。プログラムは著作物として考えられていなかったのです。しかし、米国を中心としてソフトウェアやデータベースにも著作権を認めるべきだとの議論が起こり、ソフトウェアに対して著作権が認められるようになりました。日本もその流れに追随し、1980年代半ばに著作権法が改正されて、ソフトウェアにも著作権が認められるようになりました。

　第7章で説明したように、オープンソースソフトウェアでは既存のコードを

改変して新しいコードを作成することも日常的に行われます。その際に守るべきは、利用許諾で定める諸条件でした。このとき、著作権はどのように考えればよいでしょうか。

　オープンソースソフトウェアやフリーソフトウェアであっても、著作権を放棄したわけではありません。著作権を保持したまま、利用許諾でソフトウェアの自由を維持しようという概念が、コピーレフトでした（7.4.2 項で詳しく説明しています）。フリーソフトウェア、GPL でライセンスされているソフトウェアの場合は、FSF に著作権を譲渡することが推奨されています。それは、GPL 違反（GPL violation）が問題になったときに、FSF 自身が当事者として提訴できるからです。

　ソフトウェアは簡単にコピーできるという特性をもちます†。このことも、ソフトウェアに関する著作権の問題を複雑にしている一因です。

　また、ソフトウェアの著作権では、この分野ならではの特殊事情があります。プログラムの著作権者は、基礎となるアイデアや解法を考えた人でなく、実際にコーディングを行った者とされます[20]。アイデアや解法は著作物として保護されないので、このこと自体は通常の著作物と同様です。しかし、IT 業界では、システムの発注者と実際のシステム開発者が異なるのが普通です。

　たとえば、ある企業 A が、その業界特有の課題を解決して業務効率を改善する仕組を考案し、そのシステム開発を開発会社 B に発注したとします。このとき出来上がったシステムの著作権は、発注した企業 A ではなく、開発会社 B に帰属するのです。したがって、この開発会社 B は、企業 A の同業他社 C にもこのシステムを売り込むことができてしまいます。しかし企業 A からすると、わざわざ開発費用を払って自社の競合相手を助ける結果になるわけで、到底許容できることではないでしょう（図 8.4）。

　情報システムの開発では、こういった著作権の帰属をめぐる争いがしばしば発生します。そのような事態を避けるために、ソフトウェアの著作権が誰に帰属するかは、契約で明確にしておく必要があります。

8.3.3　特許とクロスライセンス戦略

　特許権は、新しいアイデアを実現した人の権利を守るためと考えられていま

---

† このことについては 8.3.4 項「著作権や特許のあり方」で詳しく考えます。

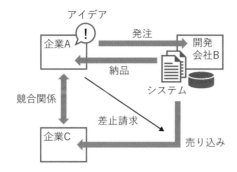

図8.4　ソフトウェアの著作権の帰属をめぐる争い

す。しかし、そもそも特許の仕組みが考えられた背景には、新しいアイデアに基づく技術を個人や企業が秘密にして囲い込んでしまうのを防ぐことがあります。新しい技術の進展を広く普及させることで世の中をよくするための仕組みとして、特許制度（patent system）が考えられました。

　特許制度のもとでは、新しい発明をした発明者は、国に特許を申請します。国はその申請を審査して、特許として認めるべきものであると判断した場合には、その特許を認定します。特許の認定がなされると、その発明を公開することの代償として、一定の期間、その発明を独占的に使用する権利、すなわち特許権が与えられます。

　特許が認められている期間中は、第三者がそのアイデアを勝手に使うことはできません。他人がそのアイデアを使用したいときは、特許権をもつ発明者に対して特許使用料（patent royalties）を支払います。発明者は、アイデアを秘匿して得られるかもしれない利益の代わりに、特許の使用料が得られます。新しい技術は公開されるので、技術の普及が進みます。一方、特許の使用者は、使用料を支払わねばなりません。使用料を支払ってばかりでは利益が上がらないので、その技術を使用した何か新しいサービスやシステムを作って、できるだけ高い利益を得ようとします。あるいは、別のさらに優れた技術を開発しようとします。結果として、技術の利用や発展が促進されます。

　ところで、ソフトウェアの世界、IT産業は、さまざまな技術が複雑に絡み合って、お互いにもちつもたれつの状態になっていることが普通です。そこで、部分的な特許に関しては、相互にライセンスし合うことで余計な使用料の支払いを抑えるという考えに至ります。そのような戦略をクロスライセンス（cross-

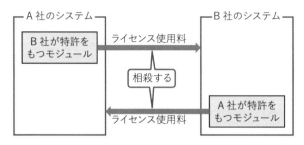

図 8.5　クロスライセンス戦略

licensing）とよびます（図 8.5）。

　特許を多数もつことができる大企業ならではの戦略ですが、コミュニティが
ベースであるオープンソースソフトウェアはこの戦略をとれません。そのため、
MPL のような特許に対する防衛条件が付帯されているライセンスが考案され
ています。

8.3.4　著作権や特許のあり方

　ところで、著作権にしても特許にしても、その歴史はそれなりに古いもので
す。著作権や特許の仕組みが考えられた当初と比べると、現在は、技術が相当
に進化しており、著作権や特許を取り巻く状況も一変しています。そのため、
これらの仕組みは制度疲弊を起こしているのではないでしょうか。

　著作権のあり方を考えてみます。そもそも、著作権は、日本語では「著作（の）
権（利）」ですが、英語ではコピーライト（copyright）です。すなわち、複写
（copy）する権利（right）なのです。昔は、書物を複写するにはそれなりのコ
ストがかかりました。複写機が発明されるまでは、気軽に複写などできなかっ
たのです。グーテンベルクが活版印刷を発明するまでは、書物を配布すること
すら大変な作業だったはずです。

　そこで、コストがかかる複写をする者に対してその権利を守ろうという考え
方が、そもそもの著作権の考え方なのです。もちろん、著作者（オーサー）が
コンテンツを作成しなければ複写も何もないので、著作者も間接的に守られる
ことになります。しかし、あくまでコピーライトであってオーサーシップライ
ト（authorship right）ではないことに留意しましょう。たくさんの種類があ
る著作権のなかで、著作隣接権とよばれる権利が厚く保護されているのは、そ

のような考え方によります。

　さて、時代は現代に戻ります。グーテンベルクが活版印刷を発明してから600年近く経ちました。その間に、情報をコピーする技術は飛躍的に発展しています。コンピュータで管理されるソフトウェアやデータは、指先の操作だけでやすやすとコピーされます。コピーするコストはほぼゼロに近くなりました。そうなると著作隣接権を厚く保護する理由はあるでしょうか。

　もちろん、複写のコストだけの問題ではなく、情報を管理するコストや隣接するさまざまな活動を保護することは重要です。したがって、すべての著作隣接権に意味がないとはいいません。しかし、技術的に複写技術が進化してコストがかからなくなったにもかかわらず、著作物を制作する大変さはあまり変わっていないと考えると、現在の著作権システムにおいては、相対的に著作者そのものの権利が軽んじられているような気がします。

　特許が現在の状況とうまくマッチしていないというのも同様です。現在、特許の情報は特許データベース†で管理されており、大量の情報がまとめられています。それを一つひとつ突き合わせて、既存の特許と抵触しないかどうか調べる作業は大変です。また、権利を取得しまくることで不当な利益を要求するパテントゴロ（patent troll）のような人々も現れています。このように、さまざまな問題を抱えている特許に関しても、新しいシステムを検討すべき時期なのではないでしょうか。

8.4　個人情報保護とプライバシー

　この節では、個人情報とプライバシー、個人情報保護に関する話題を扱います。まず、そもそも個人情報とは何かを説明し、個人情報を保護する法律や制度を紹介します。ワールドワイドでサービスを展開する際には世界の動向も無視はできません。GDPR や CCPA といった関連する個人情報保護規定について解説します。

---

†　特許データベースの検索など、先行特許の情報を調べたいときには特許庁の特許検索ポータルサイト（https://www.jpo.go.jp/support/general/searchportal/index.html）をあたってみるとよいでしょう。特許検索に関するいろいろな情報がまとめられています。

8.4.1　個人情報の定義

個人情報（personal information）という言葉はよく耳にしますが、その正式な定義は何でしょうか。例によって、法律でどのように定義されているかを確認してみましょう。令和二年法律第四十四号による改正により令和二年十二月十二日に施行された版の個人情報の保護に関する法律（平成十五年法律第五十七号）によれば、次のように定められています。

（定義）

　第二条　この法律において「個人情報」とは、生存する個人に関する情報であって、次の各号のいずれかに該当するものをいう。

　　一　当該情報に含まれる氏名、生年月日その他の記述等（文書、図画若しくは電磁的記録（電磁的方式（電子的方式、磁気的方式その他人の知覚によっては認識することができない方式をいう。次項第二号において同じ。）で作られる記録をいう。第十八条第二項において同じ。）に記載され、若しくは記録され、又は音声、動作その他の方法を用いて表された一切の事項（個人識別符号を除く。）をいう。以下同じ。）により特定の個人を識別することができるもの（他の情報と容易に照合することができ、それにより特定の個人を識別することができることとなるものを含む。）

　　二　個人識別符号が含まれるもの

個人に関する情報であるという点は、問題ないでしょう。そして、なんらかの方法をもって記録されたものであり、それにより個人を特定できるものである、とされています。さらに、個人識別符号（individual identification code）が含まれるものとあります。

個人識別符号とは何でしょうか。それは同法の第二条の 2 で定義されています。個人を特定し得る体の一部の特徴を記号化したものや、サービスの提供を受けたり商品を購入したりするときに、それらに割り当てられたコードで個人に紐づけられているものなどが、個人識別符号に相当します。社会活動における活動に関する情報で個人を識別できるような情報は、すべて個人情報と考えてよさそうです。表 8.1 に、総務省の調査によるパーソナルデータと考えられる 37 情報を示します[21]。

個人情報保護は、人を対象としたサイバーフィジカルシステムを構築する際には、避けては通れない問題です。トラブルを起こさないためにも、しっかり

表 8.1　パーソナルデータの例[21)]

種　別	内　容
基本情報	氏名、住所、生年月日、性別、国籍、会社名、役職、職歴、メールアドレス、電話番号、資格、学校名、学歴、趣味、個人識別番号（個人のID）
生命・身体関連情報	生体情報（顔、虹彩、網膜、指紋、静脈）、身長、体重、血液型、健康状態、病歴・病状
履歴関連情報	位置情報、行動履歴、商品の購買履歴、サイトのアクセス履歴
財産関係情報	口座情報、クレジットカード番号、年収・所得、借金
交友関係情報	家族関係、友人関係、交際関係、同窓会情報
その他	思想信条、宗教、性癖、労組加入事実

と理解しておくようにしましょう。

8.4.2　個人情報保護法とプライバシーマーク

そもそも、個人情報の保護という考えはどこから来たものでしょうか。情報技術が発展して、さまざまなデータをコンピュータで扱えるようになり、大勢の個人情報に簡単にアクセスできるようになったことが、その背景にあります。

また、センシング技術の進化で日常的な情報を容易に取得できるようになったことも、プライバシーが危機に晒されていると人々が考えるようになった一因でしょう。わかりやすい例を挙げると、カメラによる撮影技術の高度化、撮影できる写真の高解像度化と、カメラ自身の小型化です。カメラを内蔵したメガネである Google Glass の一般向け販売が、プライバシー侵害の問題を指摘されて頓挫した事例は、典型的な出来事です。

ほかにも、電子メールを営業媒体に用いた迷惑メールやスパム問題など、個人情報の扱いが野放しになっていたために生じたさまざまな社会問題がありました。そのような状況を背景として、世界的に、個人情報を保護すべきという機運が高まっていたのです。

日本においては、2003 年 5 月に個人情報の保護に関する法律が成立し、一部が即日施行されました。そして、2 年後の 2005 年 4 月に同法律が全面施行されています。なお、正式名称は「個人情報の保護に関する法律」ですが，略称としての個人情報保護法（personal information protection act）という名称が一般的に使われています。

組織が個人情報の保護を適切に行っているか、そのための適切な体制が整っているかに関する JIS 規格があります。「JIS Q 15001：2017　個人情報保護マネジメントシステム―要求事項」です。この規格はいわゆるプロセス規格で、個人情報の保護に関する手続きの標準を定めています。

この規格に適合しているかを審査して、合格した組織に与えられるマークがプライバシーマーク（privacy mark）です。プライバシーマーク制度は、一般財団法人日本情報経済社会推進協会（JIPDEC）が運用しています。プライバシーマークのことを、P マークとよぶこともあります。

プライバシーマークを取得した組織は、事業活動においてそのマークを使用できるようになります。名刺に印刷したり、自社のウェブサイトに表示したりという使い方がなされます。プライバシーマークを掲げることで、「自分たちは個人情報の保護に関する手続きを整備しています、安心してサービスを利用してください」と主張できるというわけです。

ただし、プライバシーマークを取得しているからといって、個人情報の取り扱いに関する事故がまったくないということはありません。これまで、プライバシーマークの取得企業が個人情報漏洩を起こした事件がときどきニュースになっています。

その結果、プライバシーマーク認定が取り消しになったり、一定期間、無効にされたりといった処置がとられています。プライバシーマークが錦の御旗ではないということは、十分に留意しておきましょう。

8.4.3　GDPR と関連規定

個人情報の保護に関連して、無視できない大きな話題が EU 一般データ保護規則（General Data Protection Regulation）です。その頭文字をとって GDPRとよびます。

GDPR は、EU 域内の各国に適用される、個人情報保護やその取り扱いについて詳細に定められた法令で、2018 年 5 月 25 日に施行されました。EU 域内とされていますが、インターネットはボーダーレスであり、インターネット上のサービスは全世界的に及びます。したがって、EU 発祥の GDPR ですが、日本に住む我々も無視することはできません。実際、2018 年の 5 月 25 日に、さまざまなサービスから個人情報の取り扱いに関する確認が届いたことは記憶に新しいところです。

　GDPR では、個人データ（personal data）の取り扱いと再利用などに関すること、自分自身の個人データに関する本人が有する権利、個人データを取り扱う組織の管理者や担当者が負うべき義務、監督機関を設置すること、事故（incident）が発生したときの対応や管理者・担当者の罰則規定などが細かく規定されています。

　また、個人の保護に関して重点が置かれており、個人データの削除を管理者に要求できること、個人データを自身で取得でき他のサービスに移転できること、個人データの侵害（personal data violation）が発生したときにはその個人がすぐに知り得るようにしておくことなどが求められています。さらに、罰則が厳しいことや、サービスやシステムを開発する際にはデータ保護（data protection）を優先的に設計すること、セキュリティ要件（security requirements）を明確にすることなども GDPR の特徴です。

　日本にいて世界的なサービスを受ける際にも、GDPR が関係することは先に述べたとおりですが、日本から欧州に向けてサービスを提供する際にも、当然ながら GDPR は適用されるので気をつけなければなりません。また、日本企業が欧州に子会社や営業拠点を置いたり、欧州の企業と取引したりという場合も、個人データの取り扱いに関して GDPR が適用されるので注意が必要です。

　GDPR だけでなく、世界には類似の規定が次々と策定されているので、グローバルなビジネスやサービスを展開する場合にはそれぞれに留意しなければなりません。

　カリフォルニア州消費者プライバシー法（CCPA, California Consumer Privacy Act）は、米国のカリフォルニア州を対象として、同州の住民から集めた個人情報の取り扱いについて定めた法律です。シリコンバレーを抱えるカリフォルニアは、プライバシーに関する意識が高く、2020 年 1 月に同法が定められました。GDPR と同様、カリフォルニア州に拠点を置いているか否かにかかわらず、同州住民の個人データに関する取り扱いを定めています。

　また、ブラジルにおける個人情報保護規定としては、LGPD（Lei Geral de Proteção de Dados）があります。2018 年に成立し、2020 年 9 月に制裁規定（sanction provisions）を除いた部分が先んじて施行されました。

　このように、世界各国で個人情報保護に関する規則が制定されています（表8.2）。罰則規定が厳しいものもあり、グローバルなサービスを展開する際には十分な注意が必要です。

表 8.2 世界各地で定められている個人情報保護規定

名　称	略　記	国・地域
EU 一般データ保護規則	GDPR	欧州連合（EU）
カリフォルニア州消費者プライバシー法	CCPA	カリフォルニア州
ブラジル個人情報保護法	LGPD	ブラジル
中国個人情報保護法	PIPL	中国
タイ個人情報保護法	PDPA	タイ

8.4.4 匿名性の問題

　個人情報に配慮し、個人を特定できないようにデータ分析を行いたい場合は、集めたデータから個人属性（personal characteristics）を削除して匿名化（anonymize）することが必要です。匿名化したデータを統計的に処理することで、プライバシーを侵害するかどうかは気にかける必要がなくなります。

　しかし、匿名化すればすべて OK かというと、そうではないということに気をつけなければなりません。匿名化した情報であっても、取り扱いによっては個人を特定できる情報になる可能性があるからです。

　図 8.6 は、人間の行動特性を分析しようとした、ある実験で収集したデータを分析した結果です。GPS で得た位置情報を定期的に収集した結果から、実験参加者の居住地と勤務地を推定し、推定結果を地図にプロットして可視化したものです[22]。

　推定された位置の結果は、それぞれの点ではなくメッシュで表現されている点に注意してください。点でプロットしてしまうと、自宅やオフィスの住所が地図上で特定されてしまうため、範囲をぼやかすためにメッシュで表示するようにしました[†]。

　それ以外にも、複数の匿名化された情報をうまく組み合わせると、個人を特定できる情報になる場合があるということにも気をつけましょう。匿名化された情報の寄せ集めから、その人のプロファイリング（profiling）ができてしまいます。すなわち、匿名化しておけばすべてよしというわけではなく、たとえ

[†]　メッシュの色の濃さは、複数の推定値が含まれていることを示しています。濃いメッシュには多くの推定値が含まれます。それぞれの正確な値が可視化されずとも、居住地は東京 23 区を中心として全域に散らばっていること、勤務地は大手町・丸の内・有楽町（大丸有エリア）を中心に集中していることが読み取れるため、この表現で十分です。

図 8.6　居住地と勤務地の分布を匿名性に配慮して表現した例[22)]

匿名化した情報であっても、その管理には十分な注意が必要だということなのです。

　第 8 章では、情報システムを利用したサービスを社会実装する際に配慮すべき事項について説明しました。

　サイバーフィジカルシステムは、サイバー空間とリアル空間をまたいで相互に情報を処理するシステムです。したがって、その影響はサイバー空間だけでなく現実の社会に及びます。そのため、サイバー空間のルールを守るだけでなく、リアル社会のルールも守らねばなりません。技術の進化に合わせて法整備も進めていく必要も残されています。

　また、技術者といえども契約についての知識をもっておくべきです。契約とは約束の塊なので、それを守ることは当たり前ですが、それ以外にもコンプライアンス意識や倫理的な配慮が必要なことも指摘しました。

　さらに、著作権や特許といった知的財産権についての知識も重要です。ソフトウェア開発は人間による知的作業の成果であり、まさに知的財産といえます。ただし、現在の著作権や特許の仕組みが技術の進化に追いついていないことも指摘しました。

　現代のサイバーフィジカル社会では個人情報の保護やプライバシーの確保も重要な観点です。個人情報をぞんざいに扱わないこと、単に匿名化すればよいだけではないことについて指摘しました。

─ この章で学んだこと ─

● サイバーフィジカルシステムの課題とその影響力、法整備もまだ十分ではないこと

● 契約とは何か、契約の形態について。また、コンプライアンスという考え方と、倫理的な配慮について気をつけること

● 著作権や特許を中心として、知的財産に関する最低限の理解しておくべきこと

● 個人情報とは何か、個人情報の取り扱いとプライバシーの配慮、関連する規定について

情報システムに対する
脅威と防衛

　前章で、サイバーフィジカルシステムを実装して実社会に対してサービスを展開する際に留意しなければならない点について考えました。この章では、それら情報システムに対する脅威と対抗策について考えます。

　サイバー空間における犯罪であるサイバー犯罪とは何か、その例を紹介します。さらに、サイバーフィジカルシステムでは攻撃の影響がリアル社会に及ぶことについて触れ、十分な対策が必要であることを説明します。

　さらに、情報システムがもつ脆弱性について触れます。脆弱性に対してどのような対策を打つべきかを考えていきましょう。対策の基本はセキュリティをしっかりと確保することです。情報セキュリティの基本として、暗号化や認証の原理を説明します。

　サイバー攻撃は、身近に起こり得るものです。したがって、自分の身を守るためにも十分に理解しておく必要があるでしょう。この章の最後では、身近なトラブル事例を考えます。そのようなトラブルにはどのように対処すればよいでしょうか。適切なサイバーフィジカル社会を実現するためには、脅威に対する適切な防衛策も検討しておかねばなりません。

9.1　サイバー犯罪

　高度に情報化が進んだ現在は、サイバー空間においても犯罪が跋扈しています。サイバー犯罪から身を守るためには、十分な情報リテラシーを身につけておかねばなりません。また、サイバーフィジカル社会では、サイバー犯罪が現実社会のリスクに直結しかねません。その対策も考えておく必要があるでしょう。

9.1.1　サイバー犯罪とは

　サイバー犯罪（cybercrime）とは、サイバー空間で行われる犯罪の総称です。

インターネットでの活動が高度化し、電子商取引やインターネットバンキング、インターネット取引などの経済・金融活動が活発になると、それに連れて悪い人々がサイバー空間で犯罪を行うようになりました。1990 年代初頭にインターネットの商用利用が解禁されて、便利なサービスが増える一方で、闇の部分も増えたというわけです。

　サイバー犯罪のおもなものは、金銭の詐取を目的とするものです。一般的な犯罪のカテゴリとしては詐欺行為に相当するものが多いといえます。組織的に行われるものがある一方で、個人によるサイバー犯罪も相当数行われています（表 9.1）。

表 9.1　サイバー犯罪のレベル

種　類	規模と概要
スクリプトキディによる悪戯	分別をわきまえない年少者が悪戯半分で不正なアクセスを行うもの。規模は比較的小さい
サイバー犯罪	金銭の詐取を目的として不正なアクセス等により詐欺行為をはたらくもの。規模はさまざま
サイバーテロ	組織的な犯罪集団によるサイバー犯罪。組織の構成にもよるが、大規模な不正に至ることもある
サイバー戦争	国家間のサイバー攻撃。国家をまたぐサイバーテロであり、国家の運営や経済に対してダメージを与える

　IT の技術を少しかじって「こんなことも簡単にできる」と、ことの重大さを理解せず、いたずら半分でサイバー犯罪に加担する年少者のことを、スクリプトキディ（script kiddie）とよぶこともあります。スクリプトキディたちの出現を防ぐには、年少者を対象とした情報リテラシー教育が不可欠です。

　組織的に行われるサイバー犯罪は、大規模かつ高度なものになるとサイバーテロ（cyberterrorism）につながります[†]。高度に情報化が進んだ現代社会は、情報インフラが攻撃されダメージを受けると、社会的な混乱に至ります。サイバー攻撃ではなくとも、世界中の多くの人々が日常的に利用しているサービスがシステムの不具合で停止すると、それがすぐにニュースになることからも明らかでしょう。

[†]　サイバーフィジカル社会では、サイバーテロが現実社会の被害を生み出し、人命が損ねられるリスクもあります。十分に注意しなければなりません。

　さらに、現代はサイバー戦争（cyberwarfare/cyberwar）の時代ともいわれます。核兵器の開発が進み、もはや武器の行使は地球を破壊するレベルに進化してしまいました。それに伴い、戦争は武力を用いたものから経済戦争へ、そしていまやサイバー戦争にシフトしているのです。

　いずれにしても、我々がサイバー犯罪やサイバー戦争に加担してはいけません。しかし、それらの行為から身を守り、対策を練るためにはサイバー犯罪がどのように行われるのかは知っておくべきでしょう。

9.1.2　サイバー犯罪で用いられる手法の例

　サイバー犯罪に使われる代表的な手法の例を紹介します。

　まず、マルウェア（malware）です。マルウェアとは、不正な動作を行い、コンピュータやユーザに害を与える意図で作成されたソフトウェアやコードのことをいいます。マルウェアのなかでもよく知られているものがコンピュータウイルス（computer virus）でしょう。コンピュータウイルスとは、さまざまな手口でコンピュータの中に侵入し、既存のシステムやプログラムを書き換えて害をなすような動作に修正します。さらに、自己増殖的にネットワークを介して拡大していくものもあります。同様のソフトウェアにワーム（worm）とよばれるものもあります。

　マルウェアには、ほかにもシステムに不正に侵入するためのバックドア（back door）を開けるものや、無害なデータを偽装しておきながらある瞬間に悪さをし始めるトロイの木馬（Trojan horse）とよばれるもの、情報収集を目的とするスパイウェア（spyware）やキーロガー（key logger）など、多種多様なものがあります。

　続いて、フィッシング（phishing）です。フィッシングは、電子メールに偽のアドレス情報（URL）を埋め込んで悪意のあるサーバへ誘導したり、既存のウェブサイトを模倣したサイトを用意したりして、パスワードやクレジットカード番号などの機密情報を盗もうというサイバー犯罪です。

　アイデア自体は単純ですが、敵もさるもので、一見しただけでは本物と見分けがつかないウェブサイトが用意されます。多くはインターネットバンキングなど金融サービスのウェブサイトが狙われます。本物のウェブサイトと信じてしまったユーザは、銀行口座の暗証番号やクレジットカードに付帯するCVV（card verification value）コードなど、大切な情報を入力してしまいます。

これらの情報を入手した犯罪者は、そのアカウント情報とパスワード、あるいはクレジットカード番号と CVV を利用して正規のウェブサイトにアクセスし、あなたの資産を盗んでしまいます。

そのほか、ワンクリック詐欺や違法情報・有害情報の提供なども、しばしば事件となっているサイバー犯罪です。

ワンクリック詐欺は、アダルトコンテンツやアニメ、ゲームなどの無料コンテンツで被害者を誘い、クリックした瞬間に高額の請求を突きつける手口です。本来、そのような請求にはまったく意味がないにもかかわらず、接続元 IP アドレスの情報を見せるなどの方法で被害者の情報はわかっていると脅し[†]、高額な料金を詐取する手法です。

わいせつな情報の提示や薬物情報、特殊詐欺の勧誘など、インターネットには多くの違法な情報や有害な情報も溢れています。何も知らない小さな子供たちにはフィルタリング（filtering）の手法が有効ですが、それは対症療法にすぎません。やはり、本質的な解決策は、それらの情報に惑わされないようにしっかりした情報リテラシー教育を施すことです。

9.1.3　サイバーフィジカルシステムに対する脅威

金融資産が狙われるなど、通常のサイバー犯罪も被害を受けると困ったことになりかねませんが、サイバーフィジカル社会が進展すると、サイバー犯罪が現実社会に大きな影響を与えかねないという問題があります。なぜならば、サイバーフィジカルシステムはサイバー空間とリアル空間をシームレスに接続して生活の利便性を高めようという考えが基本になっているからです。

8.1.1 項「サイバー空間に留まらない影響力」では、自動運転車にサイバー攻撃が及ぶと事故を誘発して乗員の命を奪いかねないというケースに言及し、そのためにフェイルセーフの考え方を基本にすべきだということについて説明しました。

自動運転車の例はやや突飛すぎてイメージしにくいかもしれません。しかし、いまやあらゆるものが電子化され、高度に制御されている現状を考えると、平時からサイバーテロに備える対策を考えておかねばならないでしょう。

たとえば、原子力発電所の管制システムがサイバー攻撃を受けたとしたら、

---

† アドレスがわかったところで個人を特定することはできません。

どうなるでしょうか。原子力発電所の原子炉の制御がサイバーテロにより奪われて、暴走を始めてしまったらと考えると、サイバーテロの恐ろしさを理解できるのではないでしょうか。このようなサイバーフィジカルシステムに対するサイバーテロの恐ろしさは、原子力発電所に限った話ではありません。交通インフラがサイバー攻撃を受けたら、社会は確実に混乱します。鉄道網は停止し、飛行機は飛ぶことができず[†1]、交通網は麻痺してしまうでしょう。

　社会のインフラを担うサイバーフィジカルシステムでは、とくに基幹系システムを中心として、十分なセキュリティ対策を施しておかねばなりません。

　経済産業省は、2019 年に「サイバー・フィジカル・セキュリティ・フレームワーク（CPSF, Cyber Physical Security Framework）」を策定しました。これは、サイバーフィジカル社会における産業の一つのあり方を提示するConnected Industries という考え方において、そのサプライチェーン全体を対象としたサイバーセキュリティを確保することを目的として、産業に求められるセキュリティ対策の全体像を整理したものです。

　CPSF では、産業界におけるサイバーフィジカルシステムを組み込んだすべての経済活動を対象として、リスク要因を整理するモデルを提示し、それらの対策方法が示されています。CPSF が提示するモデルは、企業間のつながり – フィジカル空間とサイバー空間のつながり – サイバー空間のつながりという 3 層構造をもち、また、組織、人、物、データ、プロシージャ、システムという六つの構成要素で整理されている点が特徴となっています。

9.1.4　制御システムセキュリティセンター

　サイバーフィジカル社会に向けたセキュリティ対策を考える動きをもう一つ、紹介しておきましょう。

　技術研究組合[†2]制御システムセキュリティセンター（Control System Security Center）、通称 CSSC とよばれる組織があります。この組織は、2012 年の 3 月に設立されました。CPSF が 2019 年に策定されたことと比較すると、かなり早期に設立された組織といえます。

　CSSC は、サイバーセキュリティに関心のある企業や大学、公的研究機関が、

---

†1　最悪、墜落して大惨事になるかもしれません。
†2　技術研究組合という法人形態は耳慣れないかもしれません。技術研究組合法で規定されている法人形態で、組合員が共同研究を行う相互扶助組織として定義されるものです。

図 9.1　制御システムセキュリティセンター

それぞれ研究者、研究費、設備などを出し合い共同研究を行うための組織です。制御システムを開発している企業や、制御システムやサイバーセキュリティを研究している大学、研究所が組合員になって研究を進めています（図 9.1）。

　CSSC では、制御システムに関するセキュリティ技術を研究し、ユーザ企業に展開することで、サイバー攻撃に対する社会の安全を確保しようとしています。あまり表に出るような目立つ活動ではありませんが、社会秩序を保つための重要な活動を推進しています。

9.2　情報システムと脆弱性

　情報システムは複雑なものなので、完璧なシステムを作るのは相当に困難が伴います。そのため、どうしてもバグが紛れ込みがちです。悪意ある攻撃者は、そのような不具合の箇所を攻撃対象にします。この節では、情報システムがもつ脆弱性という性質について考え、サイバー攻撃に対抗するにはどうすべきかを考えます。

9.2.1　バッファオーバーフロー攻撃

　ソフトウェアに対する典型的な攻撃手法が、バッファオーバーフロー攻撃（buffer overflow exploit）です。C で作成されたプログラムなど、データ管理機構が厳格ではないようなケースを対象として、バッファオーバーフローが狙われます。

　図 9.2 はバッファオーバーフロー攻撃の原理を示しています。メモリのなかのスタック領域とよばれる場所には、一時的に利用される変数や関数呼び出しの戻り先アドレスが格納されています。この、戻り先アドレスに隣接した入力バッファがあると、そのプログラムはバッファオーバーフローのリスクに晒されます。

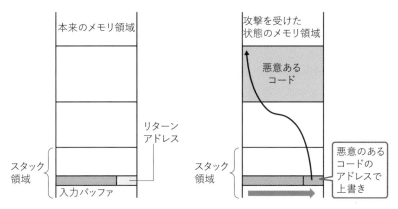

図 9.2　バッファオーバーフロー攻撃の原理

　攻撃者は、なんらかの方法で、悪意のあるコードを攻撃対象に送り込みます。その後、入力バッファに入りきらないサイズのデータを入力します。そのときに、入力バッファに隣接しているリターンアドレスをうまく上書きして、悪意のあるコードに制御が移るようにするのです。本来の戻り先ではなく、悪意あるコードに戻るように書き換えることによって、システムに害を与えるプログラムを実行させるという手口です。

9.2.2　Web アプリの留意点（セキュリティホール）

　前項で、最も基本的な攻撃手法であるバッファオーバーフローについて説明しましたが、そこでは、悪意のあるコードがどこから送り込まれるか、バッファをオーバーフローさせるデータがどこから入力されるかには触れていませんでした。次は、その点について説明します。

　多くのマルウェアは、ネットワークを介してやってきます[†]。Web アプリケーションはインターネットに対してサービスを提供するため、つねに攻撃に晒さ

---

　†　そのほか、USB メモリなどリムーバブルメディアを介在することもあります。

れているともいえます。それらのアプリケーションにバッファオーバーフローのリスクや、後述するさまざまの不具合やバグがあれば、それらが狙われることになるでしょう。そのような脆弱性のことを、セキュリティホール（security hole）といいます。

　Web アプリのセキュリティホールは、ネットワークに公開しているサービスだからこその課題です。多くの利用者にサービスを提供しつつ、サイバー攻撃を防ぐにはどうすればよいでしょうか。

　基本的な考え方としては、外部に公開するサービス、アクセスできる手段を絞ることです。公開しているポートを限定し、不必要なアクセスはすべて遮断すべきです。ファイアウォール（firewall）とよばれる機能を利用することも効果的でしょう。

　また、Web アプリにセキュリティホールを作らないようにするには、どうしたらよいでしょうか。

　一つは、アプリケーションが動作する環境や OS、あるいは、利用しているソフトウェア部品、ミドルウェアなどを、つねに最新バージョンに維持しておくことです。このようなソフトウェアでは、脆弱性が発見されるとすぐに対応がなされ、更新されたコード[†]が配布されます。それを実現するために、システムの保守担当者は、つねに情報を得てすぐに対応できるようにすべきです。もしくは、ソフトウェアの配布元が用意する自動アップデートの仕組みを有効にしておきましょう。

　もう一つは、多くの開発者が利用している開発フレームワークを利用してアプリケーションを構築することです。大勢が利用している開発フレームワークであれば、問題のあるコードや脆弱性を含むコードが紛れ込んでいる可能性は低くなります。なぜならば、もし不具合があったとしても、すぐにバグレポートが上がり、修正がなされるはずだからです。

　対して、自分たちだけでオリジナルのコードを用い、スクラッチから開発したとすると、問題のあるコードを多数含むリスクが否めません。結果として、セキュリティホールが残されたままサービスを公開することになってしまうでしょう。

---

† 　サービスパック（service pack）やセキュリティパッチ（security patch）などとよばれるアップデートです。

9.2.3 脆弱性対策情報データベース

現在ではさまざまなソフトウェアが世界中で利用されているので、ソフトウェアの脆弱性に関する情報が毎日のように報告されています。それらを一元管理して、参照できるようにまとめているデータベースが脆弱性対策情報データベース（vulnerability countermeasure information database）です。

日本では、IPA が国内向けに日本語で情報提供している JVN iPedia[†] を運用しています。図 9.3 は、同サイトに掲示されていたある日の更新状況です。このなかにある CVSSv3 というのは、共通脆弱性評価システム CVSS 第 3 版 (common vulnerability scoring system version 3) に基づく脆弱性の深刻度です。「6.5（警告）」といった軽いレベルのものから「9.8（緊急）」という急を要するものまでレベル分けがなされていることがわかります。

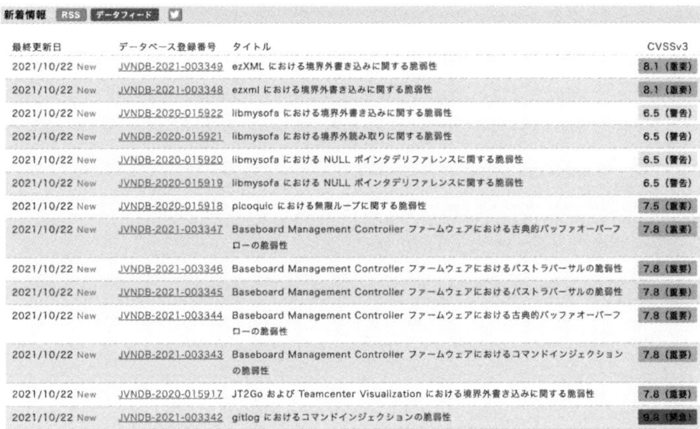

新着情報 RSS データフィード

最終更新日	データベース登録番号	タイトル	CVSSv3
2021/10/22 New	JVNDB-2021-003349	ezXML における境界外書き込みに関する脆弱性	8.1（重要）
2021/10/22 New	JVNDB-2021-003348	ezxml における境界外書き込みに関する脆弱性	8.1（重要）
2021/10/22 New	JVNDB-2020-015922	libmysofa における境界外書き込みに関する脆弱性	6.5（警告）
2021/10/22 New	JVNDB-2020-015921	libmysofa における境界外読み取りに関する脆弱性	6.5（警告）
2021/10/22 New	JVNDB-2020-015920	libmysofa における NULL ポインタデリファレンスに関する脆弱性	6.5（警告）
2021/10/22 New	JVNDB-2020-015919	libmysofa における NULL ポインタデリファレンスに関する脆弱性	6.5（警告）
2021/10/22 New	JVNDB-2020-015918	picoquic における無限ループに関する脆弱性	7.5（重要）
2021/10/22 New	JVNDB-2021-003347	Baseboard Management Controller ファームウェアにおける古典的バッファオーバーフローの脆弱性	7.8（重要）
2021/10/22 New	JVNDB-2021-003346	Baseboard Management Controller ファームウェアにおけるパストラバーサルの脆弱性	7.8（重要）
2021/10/22 New	JVNDB-2021-003345	Baseboard Management Controller ファームウェアにおけるパストラバーサルの脆弱性	7.8（重要）
2021/10/22 New	JVNDB-2021-003344	Baseboard Management Controller ファームウェアにおける古典的バッファオーバーフローの脆弱性	7.8（重要）
2021/10/22 New	JVNDB-2021-003343	Baseboard Management Controller ファームウェアにおけるコマンドインジェクションの脆弱性	7.8（重要）
2021/10/22 New	JVNDB-2020-015917	JT2Go および Teamcenter Visualization における境界外書き込みに関する脆弱性	7.8（重要）
2021/10/22 New	JVNDB-2021-003342	gitlog におけるコマンドインジェクションの脆弱性	9.8（緊急）

図 9.3 脆弱性対策情報データベースに登録されている情報の例

データベース登録番号（JVN iPedia Vulnerability ID）をクリックすると、その脆弱性に関する詳細な情報が表示されます。脆弱性の概要、深刻度、影響を受けるシステムは何か、どのような影響が想定されるか、ベンダの情報、CVE (Common Vulnerabilities and Exposures) などです。

なお、CVE は、米国の MITRE 社が管理している情報の識別子で、脆弱性情報に関するデファクトスタンダードとなっている番号です。JVN iPedia では、CVE に関するエントリをクリックすることで国際的な情報を得ることも

† https://jvndb.jvn.jp/index.html

できるようになっています。

9.2.4　さまざまな攻撃手法

　先に、サイバー攻撃の例としてマルウェアやフィッシングなどについて説明しました。また、情報システムの脆弱性を突いた攻撃があるため、脆弱性の存在にはつねに注意を払い、対策としてシステムを最新の状態に保つべきであるという解説を加えました。

　さらに、その他の攻撃手法として、標的型攻撃（targeted attack/targeted threat）やゼロデイ攻撃（zero-day attack/zero-day threat）とよばれる攻撃もあります。

　標的型攻撃は、特定の対象を標的として狙い撃ちにするタイプのサイバー攻撃です。組織の構成員に狙いを定めることで、その組織に関する機密情報を詐取しようというタイプのものです。たとえば、ライバル企業の営業部員を標的にして攻撃することで、ライバルの営業秘密を盗み出そうなどという状況が考えられるかもしれません。

　標的型攻撃は通常、特定のターゲットに対して電子メールなどでマルウェアを含むメッセージを送信することから始まります。最近では、組織のネットワークはファイアウォールなどで守られていることが多いため、外部から攻撃することが簡単にはできなくなっています。そこで、人間の脆弱さに着目し、人間を騙すことによって攻撃を仕掛けるわけです。ソーシャルエンジニアリング（social engineering）†の一種ともいえます。

　メールやその他のコミュニケーションツールによって、マルウェアを含むメッセージを受け取った組織の構成員が、不用意にそのマルウェアを実行してしまうと、攻撃者の思うつぼです。マルウェアがバックドアを設置すると、そこがその組織全体のセキュリティホールになります。外部の攻撃者はそのバックドアを介して内部の情報にアクセスできるようになってしまいます。

　ゼロデイ攻撃は、ソフトウェアの脆弱性が発見されてから対策が講じられるまでの空白期間を利用して、そのセキュリティホールを狙う攻撃のことです。対策が講じられる日を 1 日目（1-day）とし、それ以前（0-day）の期間の攻撃なので、ゼロデイ攻撃というわけです。

---

†　人間の心理的な隙を突いて秘密情報を詐取する手法です。最も単純なものは、パスワードの入力時に背中越しに盗み見るものです。

　脆弱性の発見から対策までの空白期間は短いに越したことはありません。そのため、システムのアップデートは頻繁に行い、セキュリティホールを確実に潰しておく必要があるのです。現在では、ゼロデイ攻撃と標的型攻撃を組み合わせた複雑なサイバー攻撃が仕掛けられ、多種多様な秘密情報がリスクに晒されています。我々のできること、すべきことは、最新情報に対してつねにアンテナを張り、情報収集を行いながら、できる限りの対策を講じることでしょう。

9.3　情報セキュリティの基本

　サイバー攻撃には情報セキュリティで対策しましょう。この節では、情報セキュリティの 3 要素について説明し、暗号化や認証の仕組みを解説します。さらに、現在の実際に利用されている暗号技術である公開鍵暗号という考え方と、パスワード認証の課題や生体認証への期待について言及します。

9.3.1　情報セキュリティの 3 要素

　情報セキュリティの根幹をなす三つの要素は CIA だといわれます。これは、機密性（confidentiality）、完全性（integrity）、可用性（availability）のそれぞれの頭文字をとって並べたもの[†]です（表 9.2）。

表 9.2　情報セキュリティの 3 要素

要　素	説　明
機密性	認証を用いて、許可された者だけがアクセスできるようにすること
完全性	データやプログラムが完全かつ正しい情報に保たれていること
可用性	いつでもその情報にアクセスできるようにすること

　機密性とは、秘密情報を秘密のまま保ち、外部に漏らさないようにすることです。そのためには、そのような重大な情報には許可された者だけがアクセスできるようにする必要があります。

　特定の個人だけがアクセスできるようにする方法には認証（authentication）が用いられます。代表的なものがパスワード認証（password authentication）です。また、情報の種類に応じて誰がどの情報にアクセスできるかを管理する

　[†]　したがって、米国の諜報機関とは何の関係もありません。

アクセス制御（access control）も機密性を保つための技術です。物理的なアクセス制御としてサーバ室への入退室管理が行われることもあります。

　完全性は、データを完全かつ正しい情報に保つことです。そのために、破壊や改ざんを防ぐ仕組みを用意します。具体的には、電子署名（digital signature）による内容が正しいことの証明や、改ざん防止技術（anti-tamper technology）によって改ざんが行われないような処置を行います。

　可用性は、いつでも情報にアクセスできるようにすることです。必要な情報にアクセスできないというのは一つのリスクなので、これもセキュリティの大きな要素となります。一般にサービスを提供する際には、24 時間 365 日、可能な限りサービスの停止をしないような配慮が求められます。可用性を高めるには、システムの待機系、バックアップシステムを用意する方法があります。何かトラブルが生じたときに待機系に切り替えることで可用性を高めるのです。

　バックアップシステム以外に、つねにメインとサブを用意してトラブル発生に備える二重系（duplex system）や、システムを分散させることでリスク回避を狙う分散システム（distributed system）のようなシステムも、可用性を高める効果があります。負荷分散装置（load balancer）を用いて特定の部分に負荷が集中しないようにする仕組みも、可用性を高めるための工夫です。

9.3.2　暗号化と電子認証

　情報セキュリティの 3 要素のうち、機密性と完全性は暗号の仕組みをうまく使って実現します。具体的には、通信路を暗号化（encryption）して盗聴を防いだり、電子署名で内容の正当性を証明したりすることで、機密性と完全性を維持します。

　暗号化や電子署名には、鍵（key）を用いた暗号の仕組みを利用します。最も単純な暗号化方式であるシーザー暗号（Caesar-cypher）†を例に、説明しましょう。

　図 9.4 は、「secret message」という平文（plain text）を、シーザー暗号の方式で暗号文（cipher text）に暗号化し、さらに同じ鍵を用いて復号化（decryption）して、平文に戻している状況を示しています。暗号化された「ugetgv oguucig」というメッセージを傍受したとしても、何が書かれているのかまったく意味が

---

† 　カエサル暗号ともいいます。

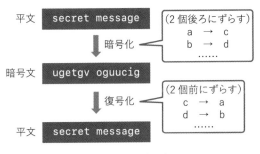

図 9.4　シーザー暗号

わかりません。この文の意味を理解するには、復号するための鍵の情報が必要です。

　シーザー暗号の鍵は、文字を何文字かずらす、という操作です。図 9.4 に示した例では、文字を 2 個後ろにずらす操作が暗号化の鍵であり、それをもとに戻す操作、すなわち 2 個前にずらすという操作が復号化の鍵です。この鍵は暗号化と復号化で共通の鍵であり、復号化の操作では暗号化でずらした個数だけ戻してやる必要があります。

　なお，シーザー暗号は統計を利用すると簡単に解読できてしまうという弱点があります。英文に最もよく出現する文字は何か知っていますか。それは「e」という文字だそうです。ということは、長めの暗号文があれば、英文のその特性を利用して、鍵を推定できるのです[†]。暗号文に含まれる文字を数え、最も多く出てきた文字を選びます。その文字が「e」に対応していると想定すれば、何文字ずらしたのかを予想できます。あとは、実際に暗号文の文字をその数ぶん戻してあげれば、平文を推定できるという手順です。図 9.4 の例では、暗号文に最も数多く出現する文字が「g」なので、「e → g」が鍵と推定できます。

9.3.3　公開鍵暗号

　シーザー暗号のような、暗号化と復号化で同じ鍵を使う暗号化方式のことを、共通鍵暗号方式（symmetric cryptography）とよびます。この方式は一見シンプルですが、やりとりを行う人の数が増えてくると、扱いが煩雑になるという問題をもっています。

---

†　ただし、そのためには平文が英語で書かれていることがわかっていなければなりません。

　共通鍵暗号に対して、公開鍵暗号方式（public key cryptography）という方式が提案され、現在では主要な暗号技術として利用されています。この公開鍵暗号方式は、公開鍵（public key）と秘密鍵（secret key）という二つの鍵ペア（key pair）をもち、一方で暗号化した暗号文を、もう一方で復号化するという手続きで秘密情報をやりとりします[†]（図9.5）。

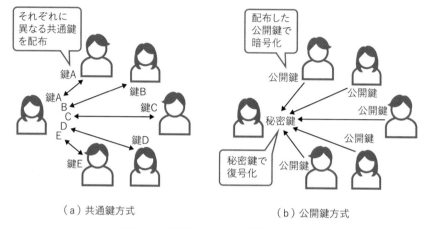

（a）共通鍵方式　　　　　　　　　　（b）公開鍵方式

図9.5　共通鍵暗号方式と公開鍵暗号方式

　n人で相互に秘密情報をやりとりしたいという状況を考えましょう。それぞれのやりとりを、互いに知られないように通信するには、共通鍵方式だと $n(n-1)/2$ 個の鍵を用意しなければなりません。なぜならば、n人から任意の2人を選んだとき、その通信路に固有の鍵を用意しなければ、他人が暗号文を解読できてしまうからです。そして、n人から任意の2人を選ぶ組み合わせの数は、$n(n-1)/2$ です。

　一方で、公開鍵暗号では、鍵の総数は $2n$ 個で済みます。鍵ペアを人数分用意すればよいだけだからです。ある人の公開鍵で暗号化された暗号文は、その人が秘密に保持している秘密鍵でしか復号化できません。第三者が暗号文を入手しても、復号化はできないのです。

　また、電子署名も、公開鍵暗号の仕組みで実現されます。まず、秘密鍵で暗号化します。秘密鍵で暗号化した内容を、配布した公開鍵で復号化します。公

[†]　暗号化に用いた鍵で復号化することはできません。

開鍵は誰でももち得るので、暗号化すること自体には意味がありません。しかし、秘密鍵は個人の所有物なので、その人以外に暗号化はできません。その特性を利用し、電子的に署名して完全性が保たれていることを保証します（図9.6）。

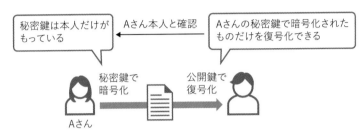

図 9.6　電子署名の仕組み

9.3.4　パスワードと生体認証

アクセス管理は機密性を確保するために行うと説明しました。現在、あるユーザに対してのみ許可されている情報へのアクセスを実現するために主流となっている方法は、システムにログイン（log in）やサインイン（sign in）してユーザを特定する方法です。ログインするときには認証の手続きが行われ、登録されたユーザであるかどうかを確認します。最もよく利用されている認証方式が、パスワード認証（password authentication）による認証方式です。

パスワード認証が普及している理由は、内緒のパスワードを突き合わせるという非常にシンプルな方法で実現できるからで、古くから利用されてきました。

しかし、パスワード認証はスケーラブル（scalable）ではないという課題を抱えており、数が多くなったときに困った問題が発生します。システムを作る側にとっては導入しやすい認証方式ですが、利用者の立場で考えると、いろいろと問題が顕在化してきます。

現在は、さまざまなサービスがパスワードを要求します。多種多様なサービスが個人に向けて提供されているからです。しかし、そのようなサービスをいくつも日常的に利用するようになると、パスワード問題が生じます（図9.7）。

皆さんも、パスワードの取り扱いについていろいろと教育を受けたことがあるのではないでしょうか。やれ、パスワードはメモしてはいけません、パスワードはほかで利用しているものと違ったものにしなければなりません、パスワー

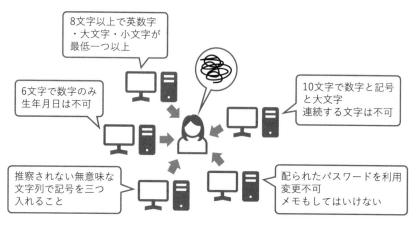

図 9.7　パスワード地獄

ドは他人が理解できない謎めいた文字列にしなければなりません、パスワード
には大文字小文字英数字記号を適切に混ぜなければなりません、などです。さ
らに、使用する文字の種類や文字列の長さが指定されていることがあり、しか
もサービスによって指定が異なることもあります。

　このような条件下で、いくつものパスワードをそらで覚えておくことができ
るでしょうか。もしそのようなことができる人がいたとしたら、超人です。普
通の人間は、他人が理解できない各文字種を取り混ぜた複雑なパスワードを、
サービスごとにいくつも別々に用意し、一切メモすることなしに記憶しておく
などという芸当はできません。

　そこで、パスワードに代わる新たな認証方式がいろいろと研究されています。
代表的なものは、生体認証（biometric authentication）です。生体認証とは、
指紋や虹彩、静脈パターンなど、人間の個々人が固有のパターンを備えている
ものを利用して、個人を特定する技術です。最近では、顔の特徴を利用した顔
認証（face recognition）も実用化されています。

　生体認証は、認証機構が複雑なうえ、まだパスワード技術を完全に置き換え
られるほどの完成度がないという課題があります。顔認証を例にすると、マス
クをしていたら認証できないとか、一卵性双生児で顔の区別がつかないとき両
者を区別できるのかといった課題が残されています。また、指紋認証もゼリー
状の物体でコピーを作成して認証を突破することもできるようです。そのため、
高度なセキュリティを必要とする認証では、指紋ではなく、生身の体ではない

と利用できない静脈のパターンが利用されます。

いずれにしても、生体認証にもさまざまな課題が残っていますが、今後はパスワード認証を置き換える存在になっていくことでしょう。

9.4 身近なトラブルと回避方法

サイバー犯罪や情報セキュリティに関連して、身近なトラブルとして起こり得る事例と、そのようなトラブルを回避するにはどうすべきかを考えてみましょう。必ずしも技術的な問題とは限りません。社会的なルールの問題も考慮すること、一定の情報リテラシーを備えておくことなどが大切です。

9.4.1 炎上・匿名の陰に隠れた不適切な発言

SNS だけでなく、ブログや電子掲示板への書き込みなど、サイバー空間でしばしば生じる社会問題が炎上（flaming）です。何がしかの問題のある書き込みがなされ、それがマスメディアやまとめサイトで取り上げられると、一斉に非難や否定的な書き込みが集中するという現象です。そうなった状況のことを炎上とよびます。

常識を外れた行動や倫理観の欠ける行動に関する書き込みや、企業や有名人の不適切な対応がなされたとき、そのような問題を必要以上に注目して騒ぎ立てる人々がいます。それらの人々に見つかり、ネットメディアやマスメディアでニュースとして拡散されると、炎上に至ります。炎上が起こると、企業イメージを損ねたり、当事者の生活に影響が及んだりと、関係者にとっては困った状況が発生します。

そもそも常識外れな行動をとらない、倫理観に欠ける言動は慎むなど、根本的な態度から気をつけることは大切ですが、そのような不用意な書き込みを行わないという点も重要です。最近の SNS には公開範囲を限定して仲間内だけでやりとりする機能もあります。しかし、ネットの情報は簡単にコピーできるため、限定された範囲から流出するリスクはつねにあることを、頭の隅に入れておきましょう。また、公開範囲の設定操作を間違えるというミスも起こりがちです。

匿名であればどんなことも書き込んでよいというわけでもない、という点にも気をつけましょう。匿名による情報であっても、いくつかの情報をまとめる

ことによって個人を特定できる可能性があるということは、8.4.4項「匿名性の問題」で指摘しました。

　さらに、匿名のコメントであっても、特定の個人や企業を誹謗したり、中傷したりすると、名誉毀損で訴えられる可能性があることにも注意が必要です。不適切なコメントにより攻撃された場合、サービス提供者に対して発信者情報開示請求（request to disclose）を行えます。これは、プロバイダ責任制限法第4条に基づく正式な手続きであり、発信者の住所や氏名、登録情報などの開示をプロバイダに請求できるというものです。

　発信者が特定されれば、その後は刑事告訴されるかもしれません。いくらサイバー空間で匿名性が高い情報発信だからといっても、完全な匿名ユーザとして情報を発信することは相当に難しいのです。したがって、匿名だからといって、安易に人を攻撃するような情報発信や不適切な発言はしないように気をつけるべきです（図9.8）。

図9.8　炎上に注意

9.4.2　それは不正アクセスか？

　また、思いがけず法を犯してしまわないような配慮も必要になるケースがあります。情報システムに対する不正アクセス（unauthorized access）を防止するための不正アクセス行為の禁止等に関する法律（平成十一年法律第百二十八号）、通称、不正アクセス禁止法が、1999年8月に交付され、翌年2月に施行されました。この法律に定められている不正な方法で特定のサービスにアクセスすると、処罰の対象となります。

　同法では、他人の識別符号を用いてアクセスしたり、アクセス制御機能を不

正な方法で操作したりすることを、不正アクセスと定義しています。そのような方法でアクセスして、不正に情報を入手したり、不正な処理を行わせたりすることを禁じています。

しかし、同法の定義では、この方法は不正アクセスではないが、ほかの方法は不正アクセスである、というような明確な差がなく、微妙な場合もあり得ます。自分では適切な方法でアクセスしていたとしても、第三者から不正なアクセスであると判断されかねない状況は誰にでも起こり得るので、注意が必要です。

有名な事件に、リブラハック事件(Librahack 事件、岡崎市立中央図書館事件)があります。2013 年 3 月に発生したこの事件は、愛知県岡崎市の岡崎市立図書館の蔵書検索システムにシステム障害が発生し、その障害の発生原因を起こした利用者が逮捕されたという事件です。

逮捕された方に悪意はまったくなく、図書館の蔵書情報を自前で管理したかったという理由で、1 秒間に 1 回、定期的に図書館のシステムにアクセスを行うプログラムを動かしていただけでした。このようなプログラムのことをクローラー(crawler)といい、インターネットの検索システムでも情報収集のために動かしている[†]方法です。1 秒間に 1 回という間隔は、コンピュータの時間感覚でいえば十分に配慮したものといえます。

問題は、システム側にありました。システムの実装に問題があり、1 秒間に 1 回という頻度のアクセスであってもシステム障害が発生してしまう作りになっていたのです。

この事件では、逮捕された方は 20 日間の勾留と取り調べの末に、業務妨害の意図はなかったとして起訴猶予処分になりました。しかし、そもそも攻撃の意図はまったくなく、システムの実装側に問題があったにもかかわらず不正アクセス相当とみなされて捜査が行われ、被疑者として勾留されたということが、大きな問題として指摘されました。

リブラハック事件は我々に重要な教訓をもたらしました。情報アクセスは、アクセスされる対象があってこそ成立します。そして、先方に不具合があったとしても、アクセスする側の責任が問われかねないということです。事前に予測することが難しい問題でもありますが、気をつけなければなりません。

[†] このような情報収集プログラムのことを、インターネットボット(internet-bot)ともよびます。

9.4.3　システムの乗っ取りと DDoS

　システムの脆弱性を放置していると、何が起こるでしょうか。もちろん、セキュリティホールを突かれてそのシステムが攻撃されることは問題です。しかし、そのシステムが乗っ取られて被害がさらに拡がる場合があります。

　システムが乗っ取られて、踏み台として利用されるリスクを考えてみましょう。踏み台として利用されるとは、攻撃者が、直接に攻撃対象を攻めるのではなく、その正体を隠して攻撃するための身代わりに利用されるという状況を指します。

　不正アクセス事例の解説において、アクセスする側にも責任が問われる場合があることを説明しました。いずれも、情報通信をする際には必ず発信元と接続先が特定されることが関係しています。しかし、もし発信元をなんらかの方法で偽装できればどうでしょうか。発信元の情報を秘匿しながらの攻撃が実現できてしまいます。

　最悪の場合、踏み台とされたコンピュータの所有者が攻撃者とみなされてしまいます。何もした覚えがなくても、ある日突然に警察が来て、サイバー犯罪の被疑者として逮捕されてしまいかねません。このような冤罪事件が実際に起こっています。

　より困った問題が、DDoS 攻撃（DDoS attack）です。DDoS とは、distributed denial of service の略称で、DoS 攻撃（denial of service attack）を分散させて行う攻撃です。DoS 攻撃は、集中的にアクセス要求を送信し、サービスでき

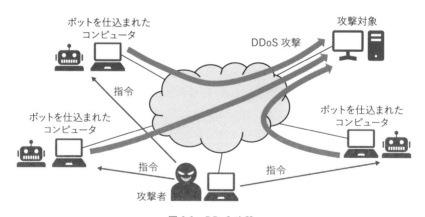

図 9.9　DDoS 攻撃

なくするような妨害方法です。

　単純な DoS 攻撃は、攻撃元からのアクセスを遮断してしまえば対応できます。しかし、多数のコンピュータから同時にアクセスを集中させる DDoS 攻撃は、対処が難しいのです（図 9.9）。攻撃者は、DDoS に先んじて多数のコンピュータにボット（bot）を仕込みます。環境が整ったところで、ボットを遠隔操作し、攻撃対象に向けて一斉に DoS 攻撃を仕掛けます。このような攻撃に加担しないように、セキュリティホールは潰しておきましょう。

9.4.4　ランサムウェア

　ウェブサイトのセキュリティホールを突いてシステムを乗っ取り、ウェブサイトを改ざんするという攻撃は、しばしば発生し、報道されています。そのような攻撃は、大企業や官公庁のウェブサイトが狙われることが多く、企業イメージや、国、自治体など公的機関のイメージが損なわれる、イメージダウンのリスクがあります。なんらかのサービスを提供している場合は、サービス停止によるビジネス上の不利益を被ることもあるでしょう。

　対して、9.2.4 項「さまざまな攻撃手法」で紹介した標的型攻撃は、直接的には個人を対象とした攻撃です。ここで紹介するランサムウェア（ransomware）も、個人のコンピュータを対象とした攻撃で、ワンクリック詐欺と同様に金銭を要求するタイプのサイバー犯罪です。

　ランサムウェアとは、身代金（ransom）とソフトウェア（software）を組み合わせた造語で、個人のデータやシステムの機能そのものを人質にして、身代金を要求するタイプのマルウェアです。ランサムウェアを不用意に起動してしまうと、そのコンピュータに格納されているデータを暗号化して本人がアクセスできなくしてしまったり、コンピュータの機能の一部を利用できなくしたりという攻撃が加えられます。

　ほかのマルウェアと同様に、ランサムウェアへの感染が一度発生すると、同じネットワーク内のほかのコンピュータに次々と感染を拡げる攻撃手段を備えているものもあるので、注意しなければなりません。

　ランサムウェアへの脅しに屈して身代金を払ったとしても、暗号化されたデータをもとに戻してくれるという保証はありません。一般的な恐喝事件と同様です。ランサムウェアに感染しないように、不用意なソフトウェアは起動しないという原則を守ることが大切です。

　万が一、ランサムウェアに感染して大切なデータが暗号化されてしまったときは、どうすればよいでしょうか。情報セキュリティ企業が提供している対策ツールが適用できる場合もあります。そのような企業では、世界各国で発生しているランサムウェアによる攻撃を解析し、対策のためのツールを提供しています。ただし、そのようなツールで必ずデータを復元できるとは限りません。データを暗号化するのではなく破壊してしまうようなものもあるでしょうし、システムの機能そのものを破壊するものもあるでしょう。そのような攻撃には対抗できません。

　ランサムウェアに対する基本的な対策方法は、一般的なサイバー攻撃対策のセオリーと同じです。すなわち、システムの脆弱性を放置せず、つねに最新の状況にしておくことや、不審なメールやプログラムは開かないことなどです。また、万が一攻撃を受けてしまった場合に備えて、重要なファイルやデータはバックアップを定期的に取ることが大切です。

　ランサムウェアは標的型攻撃と組み合わせて攻撃がなされる場合も多いため、組織的な対策を行うことも効果があるでしょう。標的型メールに対する訓練の定期的な実施も有効な対策です。

──────────────────────────────── 第9章のまとめ

　第9章では、情報システムに対する脅威と対抗策を考えました。

　サイバーフィジカルシステムでは、サイバー空間での情報処理も大きな役割を担っています。したがって、サイバー犯罪に巻き込まれないように配慮しなければなりません。しかも、サイバー犯罪の影響がリアル社会に及ぶという特徴をもつため、場合によっては社会に大きな影響を及ぼしたり、生命に危険が及ぶ場合があったりという点も留意すべきです。

　サイバー犯罪は情報システムの脆弱性、セキュリティホールを狙ってきます。サイバー攻撃に対処するためにはしっかりした情報セキュリティを確保することが重要です。情報セキュリティの基本は機密性、完全性、可用性です。それらを実現するために、暗号化や認証の技術が用いられていることを説明しました。

　そして最後に、身近に起こり得るサイバー攻撃やトラブルの例とその対処方法を紹介しました。サイバー犯罪やトラブルへの対処は、技術的な知識だけでは不十分です。法律の知識や一般常識、社会規範に関する知識など、あらゆる知識を援用して対応しなければなりません。さらに、情報リテラシーなどサイバーフィ

ジカル社会における新たな知識も身につけておかなければなりません。日々、勉強して知識をアップデートしておくことが肝要です。

――――――――――――――――――――――― この章で学んだこと ―

- サイバー犯罪とは何か、その事例とサイバーフィジカルシステムに対する脅威
- 情報システムがもつ脆弱性の具体例と留意点、脆弱性データベースなど
- 情報セキュリティの基本と、暗号化および認証の仕組み、パスワード認証には課題も多いこと
- 身近なトラブル事例と対処方法、それらに対する考え方

参考文献

1) 内閣府：第3回 基盤技術の推進の在り方に関する検討会，資料1，2015年（https://www8.cao.go.jp/cstp/tyousakai/kiban/3kai/siryo1.pdf）

2) 経済産業省：デジタルトランスフォーメーションを推進するためのガイドライン（DX推進ガイドライン），2018年（https://www.meti.go.jp/press/2018/12/20181212004/20181212004-1.pdf）

3) 佐藤敬：情報社会を理解するためのキーワード〈2〉，5.16 情報システム，培風館，2003年

4) 独立行政法人情報処理推進機構：NISTによるクラウドコンピューティングの定義 米国国立標準技術研究所による推奨，2011年

5) 総務省：平成28年版情報通信白書，第1部 特集 IoT・ビッグデータ・AI～ネットワークとデータが創造する新たな価値～，第4章 ICTの進化と未来の仕事，第2節 人工知能（AI）の現状と未来，2016年

6) 飯尾淳：オンライン化する大学，樹村房，2021年

7) 飯尾淳，若林茂則，櫻井淳二，石川茂，木嶋勇一：異文化交流教育に向けたプラットフォームの提供と実践事例，情報処理学会論文誌トランザクション デジタルプラクティス，Vol. 2，No. 3，pp. 58-67，2021年

8) 高村成道：運用技術者組織の設計と運用，インターネットと運用技術シンポジウム論文集，47-47，2019年

9) 村上優佳紗，角田雅照，中村匡秀：ソフトウェア開発者の年齢がプログラム理解速度に及ぼす影響の分析，研究報告ソフトウェア工学（SE）2016.1，1-6，2016年

10) 村上優佳紗，角田雅照，上野秀剛：年齢がコードレビューに与える影響の分析，2016年度 情報処理学会関西支部 支部大会 講演論文集，2016年

11) 日経コンピュータ（編）：システム障害はなぜ二度起きたか みずほ，12年の教訓，日経BP，2012年

12) 飯尾淳：IT技術勉強会の傾向分析，中央大学文学部 紀要 社会学・社会情報学，No. 25，pp. 59-71，2015年

13) 飯尾淳：IT技術者の自己研鑽に関する考察，中央大学文学部 紀要 社会学・社会情報学，No. 24，pp. 69-81，2014年

14) Raymond, E. S.（著），山形浩生（訳）：伽藍とバザール，USP出版，2010年

15) 上田理（著），岩井久美子（監修）：オープンソースライセンスの教科書，技術評論社，2018年

16) Shedroff, N., Noessel, C., 安藤幸央（監修・翻訳）ほか：SF映画で学ぶインタフェースデザイン アイデアと想像力を鍛え上げるための141のレッスン，丸善出版，2014年

17) 日経BP：ITプロジェクト実態調査2018，日経コンピュータ，No. 959，pp. 26-39，2018年

18) 日経BP：民法改正 システム開発へのインパクト（最終回）準委任でも「成果完成型」

請負契約との使い分けが課題に，日経コンピュータ，No. 946，pp. 72-75，2017 年

19）Orwell, G.（著），田内志文（訳）：1984（角川文庫），KADOKAWA，2021 年

20）川崎仁：コンピュータ・プログラムの著作権，パテント，Vol. 60，No. 6，pp. 95-100，2007 年

21）総務省：平成 26 年版情報通信白書 第 1 部 特集 ICT がもたらす世界規模でのパラダイムシフト，第 3 章 データが切り拓く未来社会，第 3 節 パーソナルデータの利用流通の円滑化，2014 年

22）飯尾淳，吉田圭吾，小池亜弥，清水浩行，白井康之，桑山晃一，栗山桂一，小浪宏信，高山隼佑：行動情報が明かす「なぜその人はその場所に行くのか」，第 9 回情報科学技術フォーラム（FIT2010），講演論文集第 3 分冊，pp. 119-126，2010 年

索　引

著 者 略 歴

飯尾　淳（いいお・じゅん）
- 1994 年　株式会社三菱総合研究所
- 2011 年　株式会社三菱総合研究所主席研究員
- 2013 年　中央大学文学部社会情報学専攻准教授
- 2014 年　中央大学文学部社会情報学専攻教授
- 2019 年　中央大学国際情報学部教授
- 現在に至る
- 博士（工学）、技術士（情報工学部門）
- 一般社団法人ことばのまなび工房理事
- 特定非営利活動法人人間中心設計推進機構（HCD-Net）理事
- HCD-Net 認定人間中心設計専門家

編集担当	富井　晃（森北出版）
編集責任	上村紗帆・宮地亮介（森北出版）
組　　版	コーヤマ
印　　刷	丸井工文社
製　　本	同

サイバーフィジカル
デジタル時代を「生き抜く」エンジニアの基礎教養　　　　Ⓒ 飯尾　淳　2022

2022 年 6 月 13 日　第 1 版第 1 刷発行　　【本書の無断転載を禁ず】

著　　者	飯尾　淳
発 行 者	森北博巳
発 行 所	森北出版株式会社

　　　　　東京都千代田区富士見 1-4-11（〒 102-0071）
　　　　　電話 03-3265-8341／FAX 03-3264-8709
　　　　　https://www.morikita.co.jp/
　　　　　日本書籍出版協会・自然科学書協会　会員
　　　　　JCOPY ＜（一社）出版者著作権管理機構 委託出版物＞

落丁・乱丁本はお取替えいたします.

Printed in Japan／ISBN978-4-627-85691-2